No Es Eso

Los Milagros de la Mente

Por

Antonio Almeida

Translation
Heather Eaton

One Spirit Press
Portland, Oregon

© 2012 por Antonio Almeida

Todos los Derechos Reservados
Impreso en USA

ISBN 978-1893075-22-1
LCCN:2012950451

Cubierta Diseñada por Ethan Firpo
Interior Design Spirit Press, LLC

Este libro no puede ser reproducido
en totalidad o parte, por medio electrónico
o cualquier otro medio que exista o
puede ser desarrollada, sin el
consentimiento de:

One Spirit Press
Portland, Oregon

Dedicación

Una dedicación es una forma de demostrar apreciación a un individuo o individuos quienes han apoyado al autor de maneras variadas. Es una manera de dar gracias. Personalmente tengo tantas personas en quienes pienso, incluyendo mis padres, mis hermanos y hermanas, mi hijo Mark, las muchas celebridades con quienes he trabajado, pero por encima de todo los cientos de clientes quienes han sido mis maestros. Mientras les escuchaba y guiaba a través de los retos en sus vidas y compartían conmigo sus temores, sus dificultades, tristezas y alegrías. Fueron todos Uds. quienes me pusieron en el camino de este libro. Lo que he logrado comprender, lo que ahora estoy compartiendo aquí, ayudara a muchos otros.

Doy gracias a todos, a cada persona que haya estado en mi vida, ya sea por solo un minuto o por toda mi vida. Los he escuchado a todos y he aprendido las lecciones que ahora comparto con el mundo. Este es su libro, su corazón y sus lecciones. Uds. me han ayudado a elevarme por encima de las influencias mundanas y las ilusiones. Este libro es el resultado.

Gracias.

Contenido

Introducción

1. Eligiendo Tu Lugar
2. La Causa del Fracaso Humano
3. Haciendo La Diferencia
4. Manifestación Infinita
5. Todo Sucede Como Debe
6. Abrazando Nuestras Diferencias
7. La Realidad Como La Entendemos
8. El Opio de la Ilusión
9. Tu Eres la Paradoja
10. Amor Propio
11. Identidad
12. El Milagro de la Entrega
13. Relaciones
14. Poder
15. Creando Tu Propia Realidad
16. Responsabilidad es Libertad
17. Destino

Deseo

Epilogo

Colophon

Introducción

NO ES ESO!

Estas o no estás actualmente en conocimiento, has llegado aquí por una razón – una razón muy específica, aunque tu razón especifica solo puede ser entendido y conocido por ti. Conscientemente puede que no estés en conocimiento de lo que te llamo la atención de este libro. Debes estar seguro que hay una razón. Has elegido este libro, y así hemos cruzado caminos – esto tiene un propósito significante. Cada conexión que hacemos sirve un propósito. Cada evento, condición y circunstancia contiene un propósito. Este libro es sobre lo que yo sé. La información aquí contenido tiene el potencial de cambiar tu vida. Te están entregado una elección y una oportunidad todo en uno.

Lo que te digamos, ya lo sabes en tu mente inconsciente. Este libro es un gatillo y un golpe a la puerta para abrir tu mente. No hay secretos en el universo. Tú ya sabes todo lo que hay que saber. Nadie tiene más acceso al conocimiento que otro.

No hay nada en el universo excepto la inteligencia. Uds. lo pueden llamar ESO, el matriz, la fabrica, Dios, Mohammed, Fuente o muchos otros nombres, Jesús o profetas existieron antes que nosotros. Eran como nosotros, expresando sus puntos de vistas y sentimientos sobre este mundo disfuncional. Expresaban su espiritualidad y su interpretación de Dios y el Creador. Estos son nombres y símbolos que el hombre ha usado para tener una conexión con la Fuente, el Creador o Ser Supremo o Divinidad (Inteligencia). Por miles de años hemos tenido una conexión con estos nombres. La relación a la Fuente es gatillada cuando usamos estos nombres. Y haciéndolo nos comunicamos con la Fuente y con cada uno de nosotros. La mayoría del mundo aun usa estos nombres y símbolos para comunicarse con lo que llaman o piensan es la Fuente.

Cualquier imagen que hayas tenido o creado en tu mundo físico no es ESO. Es algo que tu mente ve o piensa que es Dios: No es ESO. Puede describir algo que no es nada? Entonces, no lo describas! Lo que es infinito no puede ser descrito o entendido por la mente humana. Lo que es infinito no puede ser algo definitivo. Todo lo que hay es inteligencias infinitas conociendo la inteligencia infinita.

Lo que sea que se te ocurra no es físico de todas maneras. La ciencia de la física ha demostrado que es Energía. No es sólido ni tiene forma física. Esta Energía es pura Inteligencia. Esta es una descripción verdadera; remueve la interpretación física y verbal y así abre nuestra habilidad de usar nuestra visión espiritual.

Un Poco de Ciencia

Toda vida está construida de átomos. Dentro de un átomo hay más espacio que fuera del átomo. Sin importar lo solido y físico que nos veamos o nos sintamos, nosotros, la vida, no somos físicos ni sólidos. Nuestro mundo es un flujo de energía que vibra. Dentro del átomo hay electronos. Electrones vienen y se van. Pueden venir de un millón de años en el futuro y a veces del pasado. Una vez que un electrono elige salir de un átomo, puede convertirse en un electrono dentro de cualquier molécula (una colección de átomos que se comportan de cierta manera). Una vez que un electrono esta dentro de una molécula debe comportarse de acuerdo a la ley natural de esa molécula.

No hay nada permanente sobre uno. Tú o yo, nuestro mundo está en constante flujo y cambio. Sabemos que cada célula en nuestro cuerpo es reemplazada cada siete anos. Algunas células son reemplazadas cada siete días. La ciencia nos dice que los átomos que estaban en una playa en Hawái (como ejemplo) pueden estar en nosotros en este minuto. Algunos de los electrones en nosotros vienen de un millón de años en el futuro y algunos de un pasado muy distante. Este constante movimiento de entrar y salir deja nuestras cabezas y mentes dando vueltas. El único constante es la idea de que la vida está en un permanente estado de cambio.

Si no hay separación, la energía no comienza ni termina, los átomos y moléculas no comienzan ni terminan. Hay un flujo constante de energía en nuestro cuerpo y mente. El movimiento de los electrones nos muestra que la vida es inteligencia basada en su habilidad de elegir y no elegir.

Y la Palabra fue Dios

Usamos nuestra expresión física para recrear nuestras experiencias físicas, que son en realidad, ilusiones. Einstein lo demostró. Sabemos que toda forma es simplemente nada, neuronas y átomos que se juntan a través de energía, creando forma y experiencias a través del uso de la Inteligencia. Cuando se remueve todas las asociaciones visuales y pensamiento con ESO nos abrimos al Espíritu y vamos más allá del pensamiento, nuestra naturaleza espiritual verdadera. En este momento nos damos cuenta de la naturaleza de nuestra realidad y nuestra verdadera identidad es espíritu.

Lo que llamamos Dios, Jehovah o cualquier otro nombre aun no es ESO! Estos son solo nombres inventados por los humanos para su uso. Ningún nombramiento, pensamiento o interpretación es verdad. Las ideas humanas y la comunicación son todos basados en antiguas ideas y creencias, que están llenos de mitos y mal interpretación. Lo que sea que pensamos o decimos o llamamos NO ES ESO! Es más allá de nuestro entendimiento concebible. No te quedes pegado en un nombre. Anda más allá de tu forma tradicional de pensamiento.

Nombres, países y grupos tribales son todos conceptos creados por el hombre. Estando en el espacio y mirando hacia la tierra no se ven letreros o marcas sobre la tierra que dice "Esto es América", "Esto es Inglaterra". Los nombres son métodos de comunicación creado por el hombre. Los grupos eran tribus separados por geografía. Era y aun es el vehículo que permite a los humanos comunicarse dentro de sus tribus (naciones). Estos conceptos y religiones aun son cosas que le dan poder a los grupos y que, al mismo tiempo los separa de otros.

Al tener diferentes sistemas de creencias nos mantenemos separados y divididos. Estas diferencias son las cosas que nos deberían unir, no dividir. Las diferencias que el desconocido y eso mismo crea miedo al pensamiento disfuncional humano. El no entendimiento de cada uno crea miedo en vez del propósito que debería tener, aprender. No tengas una creencia ciega en nada y esto incluye los temas de vida. Normalmente se le pide a uno que crea en la autoridad de otro. No importa que tan alto sea la autoridad incluyendo la Biblia o cualquier otro libro, es aun creencia ciega porque tú no lo sabes por ti mismo.

Mi práctica se base en los principios metafísicos. Basado en estos principios te pido que averigües por ti mismo. Esto es contrario a la tradición de la iglesia. La iglesia nos dice que debemos seguir y creer sin cuestionar. Dicen que es la ley. No lo creas!

Antonio Almeida

Mayo 2012

Florida

"Si, intentare ser. Porque yo creo que no ser es arrogante."

Antonio Porcia, Voces, 1943, traducido del Español por W. S. Merwin.

"La meta en la vida es hacer que su latido cardiaco iguale al latido del Universo, para sincronizar su naturaleza con la Naturaleza."

- Joseph Campbell

Capitulo 1

Elije Tu Lugar

Que te gustaría ver pasar en tu mundo y la raza humana hacia tu vida personal durante tu existencia, en esta vida? A mí me gustaría experimentar un nuevo mundo donde todas las personas acepten las diferencias de otros, como cultura, religión, creencias y raza.

Hemos creado división de muchas formas por creer que nosotros tenemos la razón y los otros están equivocados. Todas las creencias son meras expresiones de individualidad, nuestro sagrado regalo de la libertad de expresión. Las diferencias entre nosotros hacen la totalidad del todo. Es la mezcla de todo lo que hace la inmensidad de UNO. Y, todos somos las partes que faltan de las partes de los demás. Sumamos y amplificamos a los otros. Existimos para el propósito de adquirir contenido. Es el aprendizaje y la aceptación de todo y todos lo que nos constituye. Esto nos completa e induce a nuestro crecimiento. Nuestro entendimiento, respeto y aceptación de la individualidad expande nuestras vidas y así nuestra habilidad para una vida más autentica.

Quiero compartir esta visión interna con la esperanza de que estimulara tu curiosidad lo suficiente para que comiences a cuestionar todas las enseñanzas del mundo, las ideas preconcebidas, los dogmas y el programación mundial. Quizás así podamos comenzar a crear a un gran nuevo mundo. Este libro será interpretado como controversial por algunos y aceptados por otros que ya han emergido por encima de las influencias mundiales. Una cosa es segura, estarás pensando y cuestionando tus propias creencias y formas de pensar.

Estas pensando?

Esto significa que existes.

Quien es el pensador detrás del pensamiento?

Aunque diga "Yo no existo." El mero uso del "yo" es una indicación de existencia. Piensa, por lo tanto que tu eres el pensamiento pensando el pensamiento. Eres el pensador, pensando el pensamiento.

Mi esperanza es que tomaras responsabilidad, pondrás atención a lo que elijes creer y cuestionaras su realidad. Personalmente creo que todos los conceptos hechos por el hombre no están funcionando. Están, en realidad, fallando miserablemente. Es tiempo de mirar a todos estos sistemas de creencias inherentes y comenzar a crear algo nuevo, algo que no se basa en los previos conceptos fallados y disfuncionales. No seas parte de la forma antigua de pensar sobre tópicos como religión, relaciones personales, instituciones, gobiernos o cualquier concepto creado por el hombre. Todos estos son y han sido creados para fallar. Este libro es de una naturaleza rebelde. Su contenido es en contra de la mayoría de los sistemas de creencias que están congelados en el tiempo.

Te pido que no creas nada que este fuera de ti mismo. Busca las respuestas solo dentro de ti. Deje que la vida se desenvuelva desde dentro de ti. Se curioso sobre las diferencias de cada humano. Expande tu entendimiento, tu curiosidad es el portal a la prosperidad a una vida extraordinaria.

Somos tan ilimitados como el Universo. Somos personas asombrosas con muchos logros de los cuales tener orgullo. Hemos creados obras maestras de música, arte, arquitectura y, últimamente, tecnología que ha entregado cambios radicales a nuestras maneras de vivir y nos ha permitido crear cosas que hace 20 años eran considerados como imposibles. Hace cincuenta años la red de comunicación global habría sido considerada un milagro, una imposibilidad. Hay otro lado muy real de nuestra potencialidad: somos capaces de locura. Somos capaces de crear vida y al mismo tiempo de destruirlo.

Las religiones y los gobiernos son los poderes que causan nuestra división. Si miras en profundidad a la historia de todas las religiones, descubrirás que bajo el legalismo de la religión, tienen algo en común todos: Un Creador, Una Fuente, Una Entidad. Todos también dicen que nuestra forma normal de pensamiento es disfuncional, capaz de llevarnos a la locura. Nuestra mente disfuncional cree que el sufrimiento es necesario. Que absurdo.

Esta mente es también imprudente y nunca está satisfecho. Haremos cosas que al final nos llevan al sufrimiento. En lo que hagamos o logremos, encontraremos sufrimiento. Nuestra memoria humana colectiva es la causa de nuestro pensamiento, el cual continúa influenciándonos en nuestro camino de destrucción. Debemos cambiar para crear un camino nuevo. Nuestros líderes son producto de nuestra imagen humana, continúan llevándonos a través de nuestros patrones repetitivos, ignorando el hecho que estamos todos unidos por nuestra naturaleza espiritual.

Toma un minuto, respira profundo y deja de lado tus antiguas maneras de leer y pensar. Inhala una nueva realidad de compasión y amor absoluto. Únete a mí en el camino que estamos tomando a través de la consciencia.

"La razón que al mundo de falte unidad y este caído, roto y apilado, es porque es hombre no está unido con sí mismo."

- Ralph Waldo Emerson

Capitulo 2

La Causa del Fracaso Humana

La religión y los gobiernos se han convertido en nuestro suicidio. La vida disfuncional es debido a este continuo ciclo de programación mecánica que es la pauta que activa nuestras experiencias humanas. Usamos el mismo contexto que usaron nuestros ancestros desde el principio del tiempo. El contenido-mente constituye nuestras vidas y continuamos repitiendo los mismos errores, los mismos miedos, las mismas experiencias en momentos distintos. Pueden parecer diferentes, pero no lo son. Parece que hemos evolucionado porque hemos hechos nuestras vidas más rápidas, fáciles y con mas placeres, pero el sufrimiento, el dolor y el odio aun están prominentes en estos días, con una sola diferencia, los números se han expandidos.

Pregunto: Porque aun estamos divididos? Porque aun tenemos miedo de nuestras diferencias? Puedes ver la ilusión? El drama y las historias que creamos. Solo porque yo pienso en forma diferente y tengo una opinión distinta, hablo un idioma diferente y soy de un color diferente – Soy de nuestro planeta, nuestro hogar y soy de la misma especie de origen. Somos todos de un alma.

Es la ignorancia que pone a las personas en un lugar de temor y creyendo que alguien elegido tiene el poder sobre el resto. Hay ahora el reconocimiento de que nadie está por encima de otros, todos tenemos los mismos derechos y las naciones nos pertenecen a nosotros, las personas. No solo uno, no solo algunos, pero a todas las personas. Ninguna sola persona o país puede ser dueño del planeta o un pedazo de él. A lo más, nos entregan el mando para cuidar lo que estamos usando. Nuestro hogar en este planeta es para todos nosotros. Ninguno de nosotros tiene más espíritu o más derecho que otro. El poder es una broma. El único poder que tiene alguien es el poder que le permitimos tener.

El miedo no es lo opuesto del amor. Como el amor es algo que aceptamos aunque sea en un grado menor. Una habitación llena de luz puede tener un closet o rincón oscuro. Esta oscuridad no lo hace menos parte de la habitación, solo lo hace menos visible. Es lo mismo con el amor y el miedo. El amor siempre está allí, solo no tan visible.

A las personas se les mantiene sin educación y sin acceso a la información de lo que está pasando en su mundo. Quienes son "ellos"? Somos nosotros. Somos mantenidos en cautiverio por los tiranos y los codiciosos en virtud de nuestra propia ignorancia. Observa imagines del mundo: Egipto, India y África. Los niños viven en las peores condiciones, sucios, a pie pelado y hambrientos. Mira las situaciones de los campos de refugiados en Kenia y Somalia, donde treinta mil niños mueren cada mes de hambre, mientras los que están en poder nadan en lujos y tienen riquezas mas allá de la imaginación. Mira la historia pasada de Alemania, cuando Hitler les lavo los cerebros a los niños Alemanes para que le amaran mas a el que a sus propios padres, y estos mismos niños crecieron para sacrificar sus vidas a este monstruo. Este tipo de lavado de cerebro pasa en todo el mundo: los musulmanes, los supremacistas blancos de Estados Unidos, los niños perdidos de África que son enviados a luchar a penas pueden cargar un arma.

Mira a lo que estamos permitiendo. Porque aun dejamos que la ignorancia este rampante? No debes creer que alguien tiene autoridad sobre ti o te tendrán sirviéndoles como si fuera ordenado por Dios. Quieren que creas las mentiras para que los sigas ciegamente. El florecimiento del terrorismo es debido a la pobreza y la ignorancia. La guerra solo debe ser peleada en contra de la ignorancia. Al terminar con la ignorancia terminaríamos con la guerra. Si creamos una nueva ideología que se basa en la espiritualidad, sanaremos todos las enfermedades humanas y crearemos unidad.

La mayoría de nuestros avances han sido meramente por razones egoístas, hechos sin consideración del daño que dejamos atrás. Viendo el principio de la raza humana veras que aun cuando hemos avanzado en pasos agigantados, nuestros hábitos y conceptos no han cambiado en lo más mínimo. En el comienzo habían tribus; hoy son gobiernos. Un grupo, temeroso del otro, genera control para asegurar su medio de supervivencia.

Esto es religión: la invención de palabras y tabúes, así produciendo miedo a través de la fuerza o la superstición. Quienes crean estos conceptos y Dioses lo hacen para sí mismos para asegurar su posición de poder y liderazgo, produciendo los jefes, presidentes y reyes de hoy. Surfeando la ola de ignorancia y miedo, dicen tener el poder para regular a los otros. Seduciendo y manipulando a los otros para proteger y preservar su lugar y convertirse en seres como Dioses ellos mismos.

Los jefes tribales, predicadores, lideres, reyes, presidentes y otros líderes religiosos; eligen los suyos para proteger sus lugares de poder y control. La lucha por la supervivencia era y aun es la motivación por los que inventan muchas maneras de manipulación de los de más abajo y los menos mentalmente evolucionados en las estructuras sociales de hoy. Y es nuevamente miedo el que alimenta esta ilusión y al reconocer esta locura podemos cambiar el curso de nuestras vidas y la vida de todos en este planeta.

Los conceptos mundiales son creados por el hombre, no Dios. Las religiones fueron creadas por el hombre y no Dios. Los gobiernos son hechos por el hombre pero no para los hombres. Son para grupos organizados para controlar sus riquezas y poder. Debemos vivir nuestras vidas como si todos los demás fueran nosotros. Como si estuviéramos en el mismo viaje que los demás. Nadie se queda atrás. Tú tienes derecho a tener tus propios puntos de vista. Este libro tiene la intención de celebrar nuestra conexión humana. En el mundo hay muchos puntos de vistas, muchas personalidades y muchas creencias, yo les doy la bienvenida a todos ellos.

Capitulo 2　　　　　　　　La Causa del Fracaso Humana

　　　　　　　　Notas

"El hombre que nunca cambia su opinión es como el agua estancada y crea reptiles de la mente."

- William Blake

Capitulo 3

Haciendo la Diferencia

Puede una persona hacer una diferencia en su vida? Morirá antes de tener la oportunidad de hacer una diferencia? Yo creo que solo toma uno para influenciar el cambio. Muchos han venido y muchos se han ido y hemos cambiado porque expresaron sus creencias y se involucraron. Todos hemos sido tocados por sus mensajes y acciones. Pero, hemos cambiado para mejor? Yo creo que hemos descubierto los secretos escondidos de la Naturaleza y que somos capaces de cambiarlo para ajustarlos a nuestras necesidades, pero nuestro curso de destrucción no lo hemos cambiado.

Cambia la Gran Conciencia / Trabaja el Cambio de Conciencia

El cambio es probablemente la palabra que mas temor provoca en el idioma Español. Por anos los anunciantes han sabido esto y han evitado el uso de esa palabra. Quizás causa temor porque el cambio representa lo desconocido. Sin embargo en el Universo como lo conocemos, la única verdad constante es el cambio. Mientras estas sentado leyendo esto, tu estas cambiando, los electrones están pasando a través de tu cuerpo y medio ambiente, tu entendimiento está cambiando la misma percepción que tienes en este momento.

Lo que es hoy, fue ayer y lo que será mañana es hoy. La conciencia le sigue. Es tu conciencia. No hay un momento mágico de despertar y ver que todo ha cambiado. Como cualquier otro deseo en nuestras vidas debemos tomar algún tipo de acción si queremos cambiar y experimentar la verdadera felicidad y la conexión a la vida. Un cuerpo o mente en descanso tiende a quedarse descansando. La acción, aunque sea en pasos pequeños te lleva al siguiente lugar en tu camino espiritual.

No puedes hacer cambios radicales en las normas de tu vida hasta que comiences a verte exactamente como eres ahora. Una vez que hayas visto como interactuar con tu realidad y las pautas de tu vida, las cosas pueden cambiar. Pasa sin esfuerzo. El problema que la mayoría de nosotros encuentra es que nuestro ego se interpone y trata de evitar que veamos cómo nos comportamos e interactuamos.

Llegar al punto de verdadera introspección no es una tarea fácil. Debes poder verte como eres, sin juicios, ilusiones ni resistencias. A medida que ganas introspección ganas entendimiento. El entendimiento produce compasión, tolerancia y flexibilidad. Puedes entender a otros porque has comenzado a entenderte a ti mismo. En el viaje espiritual que todos tomamos nuestro entendimiento esencial y ultimo es de nuestro ser. A medida que entendemos nuestro ser, aceptamos nuestra humanidad y errores sin juicios, aprendemos a amar sin criticar y tener amor incondicional. Amor absoluto es nuestra meta. Cuando aceptamos toda la vida como lo mismo, vemos que ninguno de nosotros tiene más Verdad, amor o divinidad que otro. Cuando abrazamos toda la humanidad como nuestros hermanos estamos en un camino que sana, y el cambio será una verdadera maravilla.

Transformación

Inherente en la transformación es la liberación y la libertad. En el proceso de meditación y trabajo de consciencia, hay una transformación personal. Como comienza es definitivamente diferente de cómo comienza cuando termine la meditación o trabajo. El trabajo de consciencia y la meditación sensibiliza y hace a uno más consciente de sus pensamientos y acciones. Cualquiera que comienza trabajo de consciencia o meditación o cualquier otro camino espiritual debe esperar cambio. Algo en tu vida está pidiendo ser cambiado, ser transformado para que veas como piensas y como actúas.

Quizás cambio sea la palabra equivocada porque lo que pasa es menos un cambio y mas una revelación. Es como pelar las capas de suciedad de una pintura maravillosa y comenzar a ver el verdadero ser que SOY YO. Las capas de arrogancia, antagonismo y ansiedad se retiran. En el verdadero ser uno encuentra tranquilidad, quietud y calma; un ser radiante listo para encontrar la existencia de la humanidad. Porque en el trabajo de consciencia y la meditación uno se mantiene presente, desaparecen las tensiones, el miedo y la inquietud, y disminuyen las pasiones y los deseos por las cosas mundanas.

A medida que se pelan las capas del subconsciente y se descubren los motivos mecánicos bajo los cuales hemos estado funcionando, un nuevo mundo de pensamiento real y clara en el abstracto aparece; despierta la intuición profunda. La mente se aclara, permitiendo ver las cosas y usar el conocimiento en la realidad sin ilusiones ni prejuicios. Transformación y cambio son elecciones que la mayoría hacemos en el camino que elegimos.

El Anillo de Fuego

Cuando hablamos de cambio, no estamos hablando de cambiar un peinado, auto-estima o nuestra habilidad de amar. Estamos hablando de cambiar la más profunda esencia de nuestro ser. A través del trabajo de consciencia y la meditación, la verdadera naturaleza de nuestro sistema nervioso cambia cómo reacciona e interactúa con nuestra realidad. Esta transformación muchas veces se ve como un aura o brillo de la persona. Muchas veces un resplandor está presente. Este trabajo es el comienzo de la habilidad de manifestar en tu vida lo que se requiere. Lo involuntario se convierte en voluntario. A través de concentración y así manteniéndote en el presente, comienza el proceso que a veces se le denomina el anillo de fuego, que quema lo que ya no se necesita.

En el trabajo comenzara a ver el orden natural de la consciencia. Se gana fe. No el fe porque cree que algo es así, pero fe en la función de principio y ser. Se gana fe de que algo es verdad porque se vive la experiencia en un estado alterado de conciencia. En el fuego de la transformación todo lo que no es la realidad de la verdad se quema. Una moralidad natural se forma en el fuego. Una moralidad de entendimiento y tolerancia nace y es revelado a ti. Ser no es una moralidad exterior ni un código de comportamiento impuesto por una iglesia o sociedad pero más bien una sensación interior de dirección. En el fuego de transformación tú te temperas y tu verdadero ser se revela al quemarse los roles falsos y un millón de años de creencias que mantenías encerado en un sistema de dolor, angustia y sufrimiento.

El Borde de la Navaja

Llega un momento en nuestro trabajo de consciencia en que encaramos algunas elecciones decisivas. Llegamos al borde del precipicio y vemos los colores maravillosos de aguas tibias abajo. Nuestro dolor es grande, nuestra vida sin propósito en ese momento y debemos hacer una elección. Debemos elegir morir o vivir. Algunas veces esta elección es simbólica pero es, sin embargo, una elección que tomamos. La transformación de una vida inconsciente a una vida entendimiento de consciencia toma valor. Para el ego, esto es la muerte, la verdadera muerte y debemos ser capaces de aceptar esta muerte sin miedo y con convicción. Este momento normalmente aparece cuando el dolor en nuestras vidas es tan grande que debemos hacer algo.

Al estar parados en el borde de la navaja en el precipicio, debemos encarar el propósito de nuestra vida y nuestra existencia. Nuestra identidad es humana; madre, padre, hermana o hermano ha sido roto. Nuestra vida como lo veíamos ya no existe. Al estar parados, quizás con el corazón roto, y sin alegría en nuestra alma, sin deseos en la vida, para continuar debemos decidir. En este momento estamos en el momento de una decisión verdadera, puede ser la primera decisión real que alguna vez hemos tomado en nuestra vida. Abajo del precipicio las agua tibias se han convertido en llamas furiosas. El fuego de la transformación quemara todas las ilusiones e ideas falsas. Nosotros, ego ya no existiremos y no hay una visión clara de lo que será. En este momento debemos tomar un salto de fe. Fe, no basado en creencias pero en el entendimiento que este salto será un salto que todos los seres con consciencia debemos tomar.

No hay mano de Dios para recibirnos y nadie lo puede hacer más fácil ni empujarnos. Nadie sabe como seremos cuando nos levantemos de los fuegos de transformación. Cuando la locura ya no puede ser llevado por ser mortal, debemos como todos los que han despertado antes que nosotros, tomar conciencia del conocimiento de la conciencia, YO SOY YO, es nuestra única identidad y nuestro único propósito manifestado. Cuando los fuegos hayan quedado la falsa identidad finalmente queda lo que es la realidad de su existencia, YO SOY YO. No hay alegría ni paz más grande en esta vida que esta experiencia de nuestro verdadero ser. Este YO SOY YO del cual hablamos no está limitado a una religión ni forma de pensamiento, sino es la gran herencia que comparte toda la humanidad.

Cambio Perpetuo

Los cambios en nuestras vidas no cesan. Todo cambia. Si hay un solo constante en el Universo es el cambio. La esencia de nuestra experiencia en este planeta es cambio. Hay un constante flujo de cambio en nuestra consciencia. Hasta en un estado vegetativo estamos cambiando. Cada momento es diferente. Cada momento es diferente del que paso recién. No se puede mantener el pasado, o el futuro tampoco porque el cambio siempre está en proceso. Pasamos nuestras vidas categorizando las experiencias de los cambios que han entrado a nuestras vidas. Les ponemos etiquetas de buenos, malos o neutrales. Una vez que los hemos categorizado, pasamos el resto del tiempo escapando de los malos, tratando de encontrar los buenos e ignorando las experiencias neutrales que encontramos aburridos.

Inherente al cambio existe un poder: un poder para atraer

un estado de presencia elevado. Cuando nos mantenemos enfocados en el momento presente, fluimos con la experiencia y abrasamos la consciencia como es. Envejecemos, no por un capricho de la genética pero porque nos enfocamos en el pasado y como éramos. Tratamos de congelar nuestra consciencia y estar en un estado que solo fue del momento. Nuestros cuerpos se van poniendo tiesos y nos congelamos en un estado de existencia que solo es una fotografía en la memoria, y como todas las fotografías no se puede cambiar. La vida consciente es sobre el movimiento. La consciencia no se queda quieta; la introspección está de paso y el entendimiento de ayer cede a la realización de hoy. La felicidad es transitoria y a vida también, pero YO SOY YO es para siempre. Es un estado sin fin de experiencias y desenvolvimiento de la mente en su infinita variedad.

El trabajo, nuestro trabajo de consciencia/ser es simple, sin introspección y entendimiento. La meditación como se presenta en esta serie es simplemente un camino para entendimiento interior. La felicidad, alegría y paz son productos secundarios al abrazar la naturaleza de la realidad de YO SOY YO. La vida física es transitoria, pero la consciencia no tiene principios ni fin.

Salto a la Lucidez

Los profetas y visionarios nos han prevenido sobre nuestras maneras destructivas. Nos dicen 'observen como viven, vean lo que están haciendo, el sufrimiento que han creado'. Apuntan a una posibilidad de cambio y aun así la pesadilla colectiva de nuestras maneras destructivas continua. El mundo no está preparado para ellos, pero aun así producen un efecto de entendimiento vital y un despertar necesario.

Sus enseñanzas nos avisan de la salida de la locura colectiva. Las enseñanzas son simples y fáciles de entender, pero los mensajes han sido distorsionados y mal interpretados. Los líderes de la sociedad han perseguido a estos maestros espirituales, y hasta los han matado por sus visiones y enseñanzas. Han cambiado y manipulado los mensajes para que representen a un grupo en particular. Las religiones han sido razón de división más que de unificación. En vez de lograr el fin de la violencia, el odio y la realización de que todos los seres están unidos por una meta en común, han creado más violencia y odio. Dicen tener la razón mientras que los otros son falsos, creando así más separación al definirse por sus diferencias.

Parados sobre el precipicio de la destrucción, es nuestra elección saltar al vacío de la locura a los brazos de la lucidez. Es un salto que instiga temor. Debemos dejar nuestras creencias antiguas, ideales, avaricia y deseo atrás. Debemos darnos cuenta que en el momento que dejamos nuestra vida centrado en el ego, una nueva forma se presentara a nosotros. Viviremos en un reino sin poder. El secreto de la lucidez es el último poder. Ninguna cantidad de riquezas o belleza puede dar poder. Manteniéndonos amarrados a nuestras antiguas creencias nos mantenemos sujetos a la locura.

Respira

Respira profundamente. Observa toda la locura, dolor y confusión que lleva por dentro. Con cada respiración; permite que esto fluya fuera de ti. Siente como te centras. Mientras el aire fluya fuera de ti, deja ir el tormento del deseo. Déjate ser.

Repite esta revisión interior con todo lo que te impida tener tu verdadera herencia como hijo(a) del Universo. Debes saber que estas en el pensamiento del Creador-Fuente y que es el creador creando pensamiento. Está conectado a toda vida; por siempre, entero, completo y perfecto. La esencia tuya no tiene principio ni fin. Déjate, en este momento ser abrazado por todo el Universo y experimenta la totalidad de ser-total.

Cuando Somos Dos y No Uno

En la historia de nuestro mundo, muchas veces hemos sido divididos. Siempre ha habido un nosotros y un ellos. Los nosotros ha sido usualmente patriarcal (con hombres dominantes en el poder), los otros siendo mujeres y esclavos. Desde los principios de nuestra civilización, esta situación ha dominado nuestro pensamiento global. La dualidad creada por esta forma de pensar ha producido una partición en nuestro psique; división en la inconsciencia universal, haciéndonos creer que hay algunos que tienen más poder, divinidad, riquezas y habilidad.

Esta división ha generado una atmosfera de temor y persecución llevado a través de gobiernos, iglesias, colegios y familias a través del mundo. Ese mal entendimiento de la naturaleza de la realidad, la división crea animosidad, ídolos y locura. Como especie, nos quedamos al lado de quienes pensamos que tienen poder.

Rehúsa las Pastillas Agrias

El efecto Ketman comienza cuando los en una posición de hacer cambios en el curso de la historia, a través de aseveraciones positivas de la Verdad e ideas basadas en la Verdad. Y aun así estos mismos líderes niegan lo que es correcto por temor y falta de coraje. Para poner en forma simple, el acto de cubrir el trasero en vez de tomar la posición de lo que es bueno para las personas. Viviendo con contradicciones se ha convertido en una forma de vida para personas inteligentes. Con calificaciones tipo-Ketman, los líderes dicen que tienen el derecho de equivocarse. Estando equivocado es más que solo alinearse con un error; junta la dilución de una democracia y expresiones de dualidad. Nuestro pasado humano está repleto de revoluciones nacidos del silencio tipo-Ketman.

Escuchamos a los políticos decirnos que los que son homosexuales no son de Dios. Que sigue? Votaremos a estos idiotas en posiciones políticos y los observaremos mientras nos digan que quienes aprenden otro idioma, leen un libro o producen una pintura no son de Dios? No es tan alejado de la realidad como puede creer. Históricamente una falta de apoyo por las artes y los idiomas es el camino que toman los dictadores.

La pregunta persiste: porque las personas inteligentes están dispuestos a apoyar una premisa que es errado y destructivo? Como vive uno con una contradicción; conociendo la Verdad pero aceptando vivir una mentira? Buscando a través de todo lo que puedo, estoy anonadado con la disposición de aceptar estas creencias erróneas, excepto por una pequeña idea. Hemos perdido nuestro valor y nuestro espíritu de pioneros, nos hemos puestos complacientes en nuestras convicciones y aceptamos tomar el lado de las creencias erróneas.

Olvida el peligro rojo y amarillo de generaciones pasadas y mira lo que estamos construyendo. Somos un peligro a la misma salud de lo que es la democracia. Hemos decidido que la igualdad es tratar a todos de la misma manera en vez de celebrar la individualidad del ser. Hemos decidido que conocemos lo que es Dios/Verdad. Nuestra política ya no es uno de abrazar las masas amontonadas pero de exclusión y persecución.

El valor nos saca de la ilusión de lo ordinario a un estado de existencia extraordinario. Nuestras vidas se convierten en uno de abrazar la individualidad, y aun entendiendo que el centro de toda vida es de una idea, sin importar lo que se le llame. Los que tienen valor de ser no tienen que hablar de su pasión, lo viven. Están dispuestos a encarar la adversidad por lo que es Verdad y correcto para todos. Los que tienen el valor de ser, protegen a los niños de la retorica de miedo y el opio de la dilución. La individualidad se convierte en una fuente de orgullo y celebración. La libertad para todos es la mayor premisa de la ley gobernante.

Valor es más que aceptar la Verdad, es sobre la liberación de nuestras mentes de la capacidad de ilusión de libertad y ego. Mientras nuestros intelectos se mantienen cautivos cubriremos nuestros traseros e invocaremos al aspecto Ketman de consciencia. Para tener valor, rehúsa tragar pastillas agrias que nos entreguen y enfrenta a los que pervertirían nuestra libertad y nos alimentarían con falsas premisas.

Ten el valor de ser como fuiste creado. Aprende a ser Verdad expresando en infinita variedad sin estar definido por límites de falsas creencias. Si hacemos esto juntos, encontraremos el valor para continuar. Sostén mi mano y únete a mí al abrazar la Verdad.

"Siendo es nuestro propósito y el momento contiene todo. La distinción entre el pasado, presente y futuro es solo una ilusión persistente porfiado."

- Albert Einstein

Capitulo 3   Haciendo la Diferencia

Maneras en las Cuales Puedo Hacer Una Diferencia

Notas

"No soy diferente por el hecho de ser diferente, solo por el hecho desesperado de ser yo misma. No puedo unirse a su grupo: Ud. pensaría que yo soy una mentirosa y yo lo sabría."

- Vivian Stanshall

Capitulo 4

Manifestación Infinita

Es Aceptable Tener un Sistema de Creencias Diferente!

Es aceptable tener una sistema de creencias diferente! No es aceptable condenar a otros porque tus creencias son diferentes! Nosotros, como personas del mundo, deberíamos mantener a los líderes responsables por unirnos al condenar la ignorancia. Primero educa. Revoca la ignorancia!

La Historia

Hace seis mil años, liderazgo era sobre la supervivencia del cuerpo y de las personas. Los líderes eran las personas en la tribu o nación que mejor podían asegurar la supervivencia física. Probablemente sabían mas de crecer y cazar que cualquier otra persona en el tribu. Las reglas y las leyes trataban de supervivencia.

Muchas de las reglas religiosas que se practican hoy en día tienen sus raíces en este modo de liderazgo. Como dijo la Dra. Mary Ritley, "Lo que es necesario para la supervivencia pasa a ser sagrado."

Liderazgo

Todos nosotros, sin importar nuestra nacionalidad, tenemos deberes como ciudadanos. Somos, primero que nada, responsable por nuestras personas y nuestras familias para asegurar que tenemos todo lo básico para la vida y la supervivencia; después tenemos deberes hacia nuestras escuelas, de hacer lo mejor que podamos, de estudiar diligentemente usando disciplina y tomando el regalo del conocimiento a nuestros corazones.

Finalmente tenemos el deber hacia nuestro país. La investidura en la educación no es solo de cómo convertirnos en profesionales y ganar dinero. Tenemos el deber hacia nuestros países de usar la educación para mejorar las vidas de las personas en todos los países. Cada niño en cada país tiene derecho a comida, agua, techo, educción y la libertad de viajar. En este mundo de hoy, tenemos millones de niños que no tienen ninguno de estos derechos. Las necesidades básicas de la humanidad aun no han sido logradas. Depende de ti y de mí en usar nuestras mentes creativas y nuestras habilidades de liderazgo para resolver estos problemas mundiales. Para resolver los problemas del mundo tenemos que empezar en nuestra madre patria.

Educación es sobre crear liderazgo. Es sobre crear un brillante futuro de paz y gentileza a todas las personas.

Sabias?

Liderazgo es un tema que nos afecta a todos, localmente y globalmente. No podemos permitirnos mirar a otro lado y decir que no estamos impactados por la falta de autentico liderazgo. Cada uno de nosotros debemos ser líderes de muchas maneras. Ya sea liderando un gobierno, un negocio, guiando mentes de niños y adultos jóvenes, liderando una familia, tomando acción por lo que es correcto, organizando un evento social, llevando niños al colegio o administrando un hogar, somos responsables una y otra vez por tomar posición de liderazgo. Cada uno es custodio y maestro de lo que es correcto y bueno, lo que es humano y de valor duradero para lo que están a nuestro cuidado.

Capitulo 4 — Manifestación Infinita

Sabias que hay nueve millones, seiscientos y noventa mil religiones en este mundo? Investígalo. Como puedes ver, la diversidad no es el problema. Sin importar cuán diferente y sin importar como lo expresas, tanto como las diferentes estrellas en el cielo, las diferente galaxias en el Universo, solo hay una Mente (Dios) y nuestros puntos de vistas y diferentes creencias son una mezcla de la inmensidad del UNO. El problema es que la mayoría son ignorantes de que la raíz de nuestro ciclo continuo de discordia, división y separación somos nosotros mismos. Debemos tomar responsabilidad colectiva e individualmente.

Liderazgo es una actitud – un estado de ser – una manera de ver el mundo.

Un líder mantiene la visión y la fe en los ideales, creencias y esperanzas mientras viven esos valores como modelos y ejemplos para que los demás los emulen. Significa levantar la vista y mantener el enfoque de ellos, liderando de tal forma que están habilitados para realizar sus potenciales. Significa habilitar a las personas sacando los obstáculos de sus caminos y a veces de sus formas de pensar. Para lograr esto, por supuesto, el líder debe tener en mente la visión de todo en todo momento y sostener el curso para el beneficio de todos. Un líder define la realidad para los que lo siguen.

"La primera responsabilidad de un líder es el de definir la realidad. La última es de agradecer. Entre medio, el líder es un sirviente."

- Max DePree

Cooperar o Perecer

La cooperación es la forma en que nuestra especie ha sobrevivido. Las mismas células en nuestro cuerpo sobreviven al cooperar. La paz no llega porque estamos en guerra; no sucede al mantener la mayoría de nuestros ciudadanos mundiales sin educación, con hambre y enfermos. Cuando cooperamos como países y como mundo aseguramos el futuro de nuestros niños y ciudadanos.

No Es Eso, Los Milagros de la Mente   Antonio Almeida

Nuestra habilidad de afectar el futuro de muestro mundo está a nuestro alcance. La simplicidad de los pasos pequeños está disponible a todos nosotros. Al ensenar a nuestros niños una existencia pacifica, asegurándonos que todos los niños tengan acceso a la educación y al cuidado de la salud, además de comida, agua limpia y oportunidad nos convertimos en lideres auténticos.

El Futuro del Liderazgo

El rol del gobierno en una democracia no es producir negocios y riquezas para algunos. Su rol es de liderazgo. Un líder en un gobierno requiere ser fuerte, ejemplificar la compasión y llevar una visión de un mundo mejor. Cuando los gobiernos se concentran en crear negocios en vez de liderar, el individuo queda fuera de la ecuación. Nuestra historia como humanos está repleta de ejemplos de grandes líderes quienes lideran a través de la compasión y cooperación pacifica.

Aptitudes

Yo creo que estas aptitudes están al alcance de todos los individuos. Cuando los ejercitamos nos aseguramos que el futuro es el momento AHORA.

Aptitudes de pensamiento crítico * Creatividad en pensamiento y enfrentamiento * La habilidad de pensar correctamente en el abstracto * Mantenerse objetivo bajo presión y usar la información en forma efectiva * Practicar la honestidad y el comportamiento ético * Aptitudes de comunicación excelentes * Compasión para los que siguen * Habilidad para pensar y actuar en forma global. Esto significa la habilidad de ver como cada decisión produce una acción y resultado que se siente en nuestra comunidad global * Un verdadero entendimiento del todo es más grande que la suma de sus partes * La habilidad de ver que todas las personas tienen las mismas necesidades de comida, aire, cobijo, seguridad, amor, autoestima, aprendizaje y propósito. Todos los niños, sin importar su raza, religión o creencias políticas tienen derechos inalienables de crecer en libertad de temor de guerra y hambruna.

Sin importar el país, el color de nuestra piel y ojos, en

el centro de nuestros seres somos iguales. Somos seres humanos quienes sabemos que somos y que tenemos la habilidad de pensar y razonar. Esto se llama consciencia. Y como todos nosotros sostenemos estas consciencias también cada uno de nosotros tiene la habilidad de ser líderes a algún nivel.

Aprendiendo el Oficio

El liderazgo como cualquier otra destreza puede ser aprendido. Es aprendido con práctica y disciplina. Necesitamos líderes que estén dispuestos a ser excelentes. El mundo necesita líderes que estén dispuestos de ir más allá para ser extraordinarios en sus prácticas de liderazgo.

Las personas ven a los líderes como modelos de comportamiento. Miran hacia el líder como alguien que los puede ayudar a obtener una profunda satisfacción humana que desean de sus vidas y trabajo. Continuaran dándoles su lealtad solo mientras sus líderes siguen probando que son capaces de mostrarle el camino a estas satisfacciones.

Siendo un líder significa que tiene el poder de formar y moldear el presente y futuro de las vidas de las personas, de una organización a través de la cooperación del grupo. Un líder autentico no tiene que tratar con suerte pero con una organización y delegación inteligente, habilitando a sus seguidores a ser líderes, carisma y un entendimiento básico de la naturaleza humana: las necesidades, deseos y sueños de las personas tanto en un nivel consciente como a un nivel inconsciente.

Los líderes auténticos tienen características y habilidades reconocibles que lo hacen salir del montón. Algunos de las habilidades son innatos y otras pueden ser aprendidas. Piense en ellos como aptitudes. Aquí sigue un perfil de liderazgo:

Lideres Auténticos:

- Tienen la habilidad de reconocer fuerzas y debilidades en sí mismo y otros

- La habilidad de poner metas y lograrlas
- La habilidad de darle crédito a otros por sus contribuciones personales
- La habilidad de aceptar responsabilidad personal
- La habilidad de encontrar y usar el recurso adecuado para realizar una tarea
- La habilidad de medir los grados de logros y fallas
- La habilidad de entender el uso de poder
- La habilidad de convertir cada situación a una experiencia de aprendizaje
- La habilidad de aceptar la posición de poder sin demasiado fervor ni reticencia
- La habilidad de tener la fuerza de intención para lograr las metas sin ser avaro o egoísta
- La habilidad para tratar con el presente de una manera realista, mientras suena y planea futuras metas
- La habilidad de mantener el balance entre lo físico, espiritual y emocional de su propia vida
- La habilidad de planear proyectos y metas que produzcan una mejor calidad de vida para todos
- La habilidad de comprender que la manera que se maneje una situación es más importante que la información verídica en cuanto a lograr buenos resultados
- El empuje constante para aprender y entender mas de todo
- La habilidad de discriminar entre la verdad, los deseos y los hechos
- La habilidad de entender que las metas y deseos de cada

persona a veces son más complejos de los del líder

- La habilidad de despertar a todos los alrededor al entendimiento de su verdadero potencial

Y las más importantes aptitudes:

- Un líder autentico tiene la habilidad de mirar a sus seguidores a los ojos a agradecerles su lealtad
- La habilidad de trabajar al lado de sus seguidores cuando sea necesario

La realidad de todo es que tu eres un líder quieras o no. La única diferencia entre las personas es su esfera de liderazgo. Un padre es el líder para sus niños, un profesor es líder para sus alumnos, un estudiante es líder para sus compañeros y hermanos y por supuesto un gerente es líder para sus empleados.

Aunque el ámbito del liderazgo sea diferente de otros, las cualidades demandados de un líder son los mismos. Cada uno de nosotros tiene la oportunidad de asistir o ensenar a diferentes cantidades de personas. Sin importar cuantos tengas siguiéndote es importante desarrollar las aptitudes de liderazgo. El estudio de liderazgo no es científico, es filosófica y psicológica por naturaleza.

El liderazgo no es sobre ser carismático ni es sobre tener poder. El liderazgo es sobre ayudar a otros a obtener su propósito en la vida y dejar esta tierra en mejor condición de cuando uno nace.

Tomando Responsabilidad: Donde Comenzar

Permitimos los que están en poder quedarse en el poder. Nosotros los creamos a ellos y a la situación. Deja de seguir los ídolos y las imágenes que copia. Tu fuente de la vida no es un ídolo, ni una imagen, ni una persona. No es un santo, profeta o persona quienes nos salvara. Soy yo y eres tú. Somos colectivamente un todo. Todo de uno.

Hemos creado los líderes, y las religiones. Salen de nosotros. Son expresiones de nuestros deseos y temores. Llevamos dentro de nosotros nuestra memoria humana, la historia de toda la civilización humana. Nuestros puntos de referencia son el contenido y la memoria que esta insertado en nuestro psique. Nuestra memoria física conlleva todos nuestros temores y odios. Es una ilusión! Podemos crear una nueva forma de pensar al borrar todas las memorias que no tiene un lugar en el presente.

Lo Nuevo y Evolucionado

Podemos crear un nuevo mundo de la confusión! Una nueva consciencia está emergiendo. Pon atención porque está pasando. Este cambio se llama iluminación. Es debido al la mezcla de enseñanzas, filosofías y la sabiduría. El Occidente se encuentra con el Oriente. Nos ensena que si podemos deshacernos de la identificación con el pasado – soltar las dogmas, las supersticiones – descubriremos que no hay secretos. Tenemos escondido de nuestro más profundo ser lo ilimitado que es la creación en sí. No tiene nada que ver con que tan espiritual seas, o que crees, pero tiene que ver todo con tu estado de consciencia.

Creo que una gran parte de la población mundial ya ha descubierto y está reconociendo que estamos enfrentados al desafío más grande de todos los tiempos. Tenemos que elegir inmediatamente.

Evoluciona o Muere

Un porcentaje de la población mundial que está creciendo rápidamente ya está experimentando su propia transformación espiritual y está evolucionando fuera de las maneras antiguas de pensamiento. Antiguos conceptos hechos por el hombre están desapareciendo y están emergiendo un nuevo sistema de creencias, con un entendimiento más profundo, más allá del pensamiento, más allá de la consciencia y más allá del estado mental egoísta. Escondido dentro de nuestro ser interior está la respuesta: solo hay una Mente, una Fuente.

Debemos confiar en el Universo para ser felices, prósperos y sanos.

Situaciones se están desenvolviendo en todo el mundo y las condiciones que estamos experimentando son nuestra responsabilidad. Dios no es responsable por nuestras condiciones, nosotros lo somos. Nuestros pensamientos, creencias y acciones forman nuestro mundo. Sin importar tu preferencia religiosa actual o falta de, tú debes investigar y cuestionar tu posición en la vida de tu mundo adoptando la fuerte creencia que tu conscientemente estas creando tu vida.

Nuestro tiempo en este planeta debe tener un propósito definitivo: edificar nuestras vidas con una consciencia total de solo el presente. Que estás haciendo ahora? Que eres ahora? Solo este momento es real.

Control del Ego

Nuestro ego esta hecho de nuestras creencias, temores y necesidades de sobrevivir. Nuestro ego piensa que para sobrevivir necesitamos ser egoístas en asegurarnos de tener todo lo que necesitamos. Gandhi lo expreso de manera muy clara cuando dijo "Hasta Cristo debe hablar el idioma de pan cuando la gente tiene hambre." A menos que entendamos que nuestra supervivencia individual está conectado a los otros y que cuando uno de nosotros tiene hambre, todos tenemos hambre. Controlar el ego es aprender a dejar de lado la dinámica de supervivencia como lo ve nuestro ego.

Tu Controlas Tu Ego Cuando:

Aprendes a reconocer que estas actuando por temor.

Reconoces que te estás comportando con avaricia.

Estas jugando un rol en vez de ser autentico.

Aprendes a observarte a ti mismo. Observándote interactuar, aprenderás cuando estas respondiendo automáticamente al deseo de tu ego. Este ego es el que necesitamos conquistar, no a otros ni a los océanos. Define tus valores y respeta el de los otros.

La Emergencia de Una Nueva Consciencia

El camino del futuro ya está sucediendo. La emergencia de una nueva consciencia esta barriendo nuestro planeta. Nuestros avances tecnológicos pueden usarse para bien o para mal. La *nueva manera* de comunicación no es nueva. Los alquimistas, visionarios, profetas y psíquicos han sido capaces de comunicarse a través de los siglos sin aparatos. Estamos encarados a una crisis radical que amenaza la supervivencia de la humanidad de este planeta. Esto es el resultado de la mente humana-egoísta-disfuncional. Esta enfermedad ha sido mencionado por los maestros encantados, profetas y visionarios por miles de años. Ahora por primera vez, nuestras maneras disfuncionales están amenazando nuestra propia supervivencia y la supervivencia de nuestra Madre Tierra. Una transformación de la mente humana es vital. Las antiguas maneras ya no son aplicables. Los viejos que están congelados en el tiempo están en control de nuestras vidas y nos mantienen rehenes.

La violencia que estamos experimentando en el todo el mundo es la causa de la avaricia y el hambre de poder de algunos. Ellos no tienen interés en el bien de Dios o país. Asesinaran a su propia gente para proteger sus fortunas aun a costa del futuro de sus hijos. La raíz del mal es el auto-interés investido. El gobierno no es la solución. Los intereses de algunos no servirán las necesidades de las masas, solo crearan una ilusión para apoderarse de su energía.

Ignora a esta ilusión reflejada y busca dentro de ti. Busca unir energías con otros. El poder, que cada uno de nosotros posee para acceder a la Mente Universal, estando unidos, puede ser una fuerza para bien y una fuerza imparable. Hay una conciencia inmensa a través de la cual estamos todos unidos. A través de la red de la humanidad podemos unir la consciencia de nuestro planeta.

Comienza hoy, a través de mi sitio web (www.spiritualsite. com) Estas invitado. Ayuda está disponible. Únete a la familia del hombre para comenzar a enfrentarse a las preocupaciones comunes a nivel global. La avaricia de los que están en poder es la causa de la pobreza y el sufrimiento de la mayoría de la población mundial. También es una causa para que las masas se levanten e inventen formas de protegerse los unos a los otros y sobrevivir. Hay un cambio en la consciencia humana, lo cual está emergiendo ahora y haciendo imposible el volver a las maneras antiguas de ser.

Despertar Mundial

El éxito depende de un cambio en la consciencia humana. Los logros humanos más grandes no son obras de arte, ciencia ni tecnología. El logro más grande de la humanidad es reconocer el milagro de una fuente. Al reconocer nuestros errores y despertar a la dimensión dentro de nosotros mismos, podemos levantarnos por encima del pensamiento y entrar en contacto con nuestra espiritualidad.

Somos colectivamente responsables por la situación del mundo e individualmente, en nuestras acciones diarias, responsables por la manera en que actuamos hacia otros. El impacto más grande sobre nuestro planeta ha sido la humanidad, nuestro constante deseo por la comodidad y por las cosas que nos dan placer y estatus.

Hemos inventado un millón de maneras para hacer que la vida sea lo más fácil posible. No hay nada malo en tener y desear estas cosas. Lo que es erróneo es que lo hemos logrado sin pensar en cómo afectamos a otros y como violamos a la tierra. Continuamos invirtiendo en todas las formas posibles de adquirir más. Hemos llegado tan lejos que hemos perdido nuestra propia identidad y lo hemos reemplazado con las cosas que poseemos.

A través de la comercialización nos sentimos perdidos sin nuestras marcas. Si las cosas con las cuales te identificas te fueran arrancados, quien serias? Es el YO SOY Prada, Rolex, Mercedes o tu estatus? Quien serias si todos tus posesiones materiales fueran removidos? Con lo que sea que te identificas, te da un sentido de ti mismo? Si es así, te recomiendo que investigues tu forma de pensar y veas como su vida está siendo influenciado por esta identificación con cosas temporales. Cuando algunas personas pierden todas las posesiones o hasta miembros de su familia, encuentran que sus miedos ceden y son reemplazados por sensaciones de paz, serenidad y completa libertad de temores.

Considerando todo esto, como puede ser que encuentres la sensación de paz? Cuando no tienes nada con que identificarte, entonces quien eres? Creo que es en este estado en que verdaderamente pueden identificarse con su ser interior. Es en este estado donde tú eres el YO SOY – donde estas Consciente a través de todo lo conocido. Es entonces que tu estas consciente de la consciencia en sí mismo – esto es la paz de Dios, la ultima verdad que quien eres, el YO SOY.

Puede parecer que me he alejado del sentido de este libro – Déjame asegurarte que, de hecho, estoy llegando directo al punto, tu continuas echándole la culpa a todo y a todos, nuestros problemas y los problemas mundiales, pero somos todos responsables. El cambio debe comenzar aquí mismo donde estas parado.

El Principio

En el estudio de la evolución y el desarrollo del conocimiento humano, hemos revelado el origen de la vida. La ciencia nos ha dado la realización de que estamos rodeados de pura inteligencia (energía). Toda forma, significando todo lo que existe, visto o invisible, como la naturaleza, color, viento, sonidos, emoción, nuestros cuerpos físicos, planetas, todo. Todo lo que existe es el resultado de energía invisible.

La dinámica de supervivencia en nosotros causa la preocupación de tener más y más. Queremos casas más grandes, más ropa, más autos, más y más y más. Nuestro ego nos ha ensenado que para sobrevivir debemos tener más. La realidad es que la cooperación es la clave a la supervivencia, no el adquirir más de algo. Deseando comprender nuestra verdadera naturaleza, mal interpretamos al identificarnos con la vida física que nos rodea. Nuestros llantos en medio de la noche por algo más grande que nosotros, solo son contestados por la exploración de nuestras habilidades interiores. Olvidamos explorar nuestras habilidades interiores para adquirir los regalos espirituales de nuestra herencia divina. Estos son los que nos conectaran a la dimensión única.

Volviendo hacia atrás de cuando entramos a este mundo y entenderás porque hacemos lo que hacemos. Hemos pasado todos por el mismo proceso: Saliendo del vientre de nuestra madre, nuestros ojos se abren al mundo y, con nuestras experiencias mecánicas comienza la programación: nuestros sentidos capturan sonidos, color, calor, frio, habla y sensación. El mundo físico es seductivo. Produce deseos. Luego, la inconsciencia colectiva, la memoria de raza por herencia y las experiencias comienzan a afectar y sinergizar negativamente en nuestras mentes. Las enseñanzas de nuestros padres, las reglas y la influencia de nuestro medio ambiente causan que nos desconectemos de nuestra fuente. Nuestra separación de la inteligencia pura (pura energía) toma lugar. Nuestros sentidos los engañan y nos llevan a olvidar nuestra verdadera fuente de ser.

Ahora la distracción del mundo es su encanto.

En el mundo, ahora estamos expuestos a las voces de la autoridad, el mundo de las comunicaciones, los libros, productos, cultura, medio ambiente – todo este contenido llena nuestras mentes. El plano espiritual es algo que se siente intuitivamente. Sentimos algo adentro que nos dice que somos perfectos, invencibles, sin tiempo.

El mundo programado ya nos tiene tomados. Estamos distraídos, tratando de cumplir nuestros deseos físicos y al mismo tiempo, descifrar lo que es nuestro propósito. Las religiones y las enseñanzas mundiales nos están alejándonos de la fuente, y al adoptar estas enseñanzas, hemos perdido nuestra conectividad el uno con el otro. Nuestra naturaleza, el deseo interior de amar y ser amados, nos lleva a ser presa de opiniones, manipulación y sistemas de creencia de influencias por fuera. Comenzamos a crear nuestras vidas de las experiencias y memorias. Nos agarramos uno a los otros para que nos podamos vernos a nosotros mismos, a través de otros, inconscientes pero gravitando hacia el amor y el deseo de pertenecer que es nuestra naturaleza.

Nuestro ego, centrado en la consciencia, crea tiempo, aislación y sospechas. Estos estados de consciencia crean separación. El ciclo de nuestras vidas terrestres nos deja en un vacio de significado y propósito. Vivimos dentro y fuera de un mundo existencial, tratando de llenar nuestro deseo de significado y propósito con avaricia, obsesión y la lucha por poder personal. Vivimos esta vida limitada, nunca aceptando nuestro potencial extraordinario y sin límites. Todas las energías son usadas entregando y preservando nuestra existencia física. Creamos tiempo, que se convierte en la presión de nuestro espíritu. Nuestra sensación de tiempo es creado por nuestras memorias y experiencias, nuestro ego, nuestra prisión auto-armado.

Memorias, experiencias y pensamientos se convierten en nuestra prisión, manteniéndonos lejos del espíritu y alejados del presente. Viviendo en un mundo que esta amortecido por las distracciones físicas e incitamientos, además de las influencias que crean, llenamos nuestras vidas con obsesiones y objetos que nos ciegan a lo que pasa dentro de nosotros. Nos mantenemos ignorantes de nuestra divinidad y potencial de infinito esplendor.

Vengan y únase a mí! Se una luz, un esplendor hacia el mundo para que la luz puede caer sobre la Verdad y remover el dolor y la ignorancia. Escuchas su esplendor llamándote?

Capitulo 4	Manifestación Infinita

Notas

"Chance es una palabra sin sentido: nada puede existir sin una causa."

- Voltaire

Capitulo 5
Todo Sucede Como Debe

Todo lo que sucede en el mundo y en nuestras vidas no es por chance. La ciencia puede explicar cómo vino nuestro mundo a la existencia, comenzando con los aspectos de eventos mundiales y circunstancias de nuestras vidas. En 1925, Albert Einstein revelo al mundo la evidencia científica demostrando que materia es energía. Estos átomos están compuestos de sub-partículas que chocan y se convierten en energía pura. Aun en ese tiempo, Einstein creyó lo que había descubierto, que estas partículas de energía también eran inteligentes. Todo es energía e inteligencia en algún nivel.

Los electrones entran y salen de los átomos. Cuando los electrones salen del átomo tienen la habilidad de elegir a cual átomo entraran. Pero una vez que se unen a un átomo y una molécula deben actuar/comportarse de acuerdo a la ley axiomática que gobierna este átomo en esa molécula. Sabemos que los átomos están cambiando y viajando todo el tiempo. Un electrono (o átomo) de la playa de Hawái puede que esté en Ud. en este momento. Nos dicen que los electrones pueden viajar desde billones de años en el pasado o futuro. No parecen estar limitados por el sentido de tiempo humano.

Todo lo que existe en el Universo que experimentamos con nuestros sentidos –desde lo infinitamente grande a lo infinitamente pequeño- pasa más allá de la teoría de que lo que vemos como solido es en realidad partículas sub-atómicas creando forma a través de la gravedad. La idea de fondo que descubrió Einstein es que todas las cosas, llevados a su forma más básica, consisten de la misma materia. Esta materia es de lo que estamos todos hechos. En otras palabras, todo, incluyendo tú y yo estamos en la mezcla de la sopa que compone el Universo.

Tal como una gota de agua individual no es un océano, pero tiene las mismas propiedades que el océano, no somos el Universo, pero tenemos lo que EL tiene. A las sensaciones físicas, todo aparece solido, pero todo está compuesto de partículas sub-atómicas, vibrando en frecuencias diferentes, componiendo distintas formas, y todo está compuesto de la misma energía pura. Cualquier cosa y toda cosa que existe en el universo, al llevarlo a su mínima expresión y mas básica y al ser analizado por la ciencia se compone de frecuencias energéticas que vibran. Cuando esta energía choca con otras frecuencias, forma lo que experimentamos como nuestra realidad. El resultado determina lo que experimentamos en nuestras vidas y el mundo. Para probar lo que digo deberías investigar sobre Einstein, Newton y otros científicos. La principal razón de los problemas de nuestro mundo es la ignorancia.

Sin importar que religión profeses o creas, debemos comenzar a construir una fundación donde las personas puedan crear vidas en libertad. La libertad será realizada cuando las personas son capaces de tener sus necesidades satisfechas y puedan eliminar su separación con otros. Hemos visto la retorica de diferentes religiones. Son como los diferentes idiomas de nuestro planeta. Las diferencias no están en la base de la religión. Es solo en la superficie o el legalismo de la religión. Al buscar en forma más profunda y con la mente abierta descubrirá las verdades escondidas que han estado allí todo el tiempo. Este conocimiento te dará las armas y los hechos se manifestaran como milagros en tu propia vida.

Lo que los físicos han demostrado es solo el dulce sobre la torta. En realidad, uno de los más grandes descubrimientos de los buscadores espirituales, maestros iluminados, es que la verdad de nuestra conexión humana: somos todos UNO. Si estamos en este mundo juntos, entonces porque ya no funcionamos juntos? Somos uno y como tal somos energía, así creando los eventos y las situaciones en nuestro mundo. Si somos uno, somos una mente, una inteligencia y debemos tener conocimientos de nuestros pensamientos.

Sabiendo que nuestros pensamientos son energía, entonces estos pensamientos deben crear otros pensamientos que viajan a través del vacío del espacio. Este campo está lleno de otras energías que se atraen unos a otros y otros y así hasta la infinidad. Esto trae a la realidad las experiencias, eventos, situaciones y formas. Si nuestros pensamientos están en armonía con otras energías positivas, los sistemas de creencia que juntan fuerza al unirse con la energía Universal, podemos influenciar directamente nuestro mundo, creando y experimentando lo que elegimos experimentar.

Tenemos poder sobre nuestras vidas. Esto significa que debemos individualmente y como un todo, tomar responsabilidad en crear a nuestro mundo. Un manojo de científicos están consientes de este hecho poderoso: somos de uno y por lo tanto somos los creadores de nuestras experiencias. La ayuda que buscas, no vendrá del exterior. No existe un viejo sabio de larga barba blanca que vendrá a salvar el mundo.

Hemos elegidos creer nuestra mente humana disfuncional. Creamos aparatos para comunicarnos con otros a través del globo a la velocidad de la luz pero no hemos sido capaces de entender el hecho que podemos crear un mundo con todo. Un mundo de armonía, amor y paz, donde todas las diferencias son bienvenidos y necesarios para nuestro propia espiritualidad. La ciencia sigue tratando de resolver los misterios del Universo y la Naturaleza, pero no puede porque somos parte del misterio que estamos tratando de resolver.

A pesar de cuanto de esto tú creas o entiendas, tus experiencias en la vida son el resultado de tus pensamientos, acciones y creencias. De hecho, tu vida y todo en él y hasta en el mundo entero es el resultado de tus pensamientos, acciones y creencias. En realidad, tu vida y todo en él y hasta en el mundo entero es el resultado de la consciencia y pasara exactamente como tú crees que pasara.

Se ha demostrado que existe una ley de causa y efecto y esta ley es infinita y no es singular. Esto significa que todos, sin importar quien sea, están sujetos a lo mismo a través de todo. Hemos demostrado que: nuestros pensamientos tienen poder creativo y causamos que nuestra mente haga cosas definitivas para nosotros y a través de nosotros. Las mentes responden al todo tanto como al individuo. La mente, nuestra conciencia colectiva, reacciona de acuerdo a lo que pensamos individualmente y colectivamente a lo que creamos y pensamos, es como constituyes tu vida como es ahora. Cambia tus creencias y pensamientos y cambiaras tu mundo. Las leyes universales tratan con la ley de atracción, lo que uno cree y lo que sabe es lo que atraerá hacia sí mismo.

El Cambio Debe Venir o Lo Único Permanente es Cambio

La disfunción de la sociedad humana es el resultado de nuestro pensamiento. Debemos terminar nuestras acciones, que son reacciones creadas de las creencias del inconsciente colectivo. Estos ya no son aplicables. Como un mapa antiguo, esta falta de conexión es un patrón que ya no es aplicable. Colectivamente nuestro pensamiento reside en el pasado o a un futuro ilusivo. Hemos evolucionado de muchas maneras pero nuestra herencia primitiva se mantiene. Como el hombre primitivo vivía con el miedo de la supervivencia, nosotros también. Aun copiando los caminos de nuestros ancestros, tenemos miedo de otros en vez de cuidar a otros.

Lo que sea que luchamos o nos alejamos de, el miedo continuo plagándonos hasta que cambiamos y abrazamos el amor. (Lo que resistimos persiste.) Todo lo que escuchamos es sobre guerra: la guerra en contra de las drogas, el terrorismo, el cáncer, el crimen, la pobreza, esto o el otro. Son guerras en contra de casi todo lo que tememos. Tiene sentido que el miedo, el castigo y la guerra no resolverán nada. No tome mi palabra, revise los números de personas en el sistema de presión de los Estados Unidos y vera que los números han ido de treinta mil a dos punto un millón en los últimos diez años.

Las guerras han forzado al hombre a inventar armas a pelear contra todo incluyendo drogas, para prevenir nuevas enfermedades, los cuales son inventado o creados por las compañías y los medios de comunicación. Mire los comerciales en la televisión y vera que descubren una nueva enfermedad cada ano. Esta evidencia de que la guerra es un estado de la mente, lo cual crea al enemigo. Una vez que le ganamos a este enemigo, el efecto de lo que es un enemigo nuevo y más fuerte surge del resultado.

La pregunta es: porque y cuáles son nuestros temores? La respuesta es: son los efectos del enemigo que creamos en primer lugar. Le tememos a lo que no entendemos. Tenemos miedo a lo que es diferente a nosotros porque no lo entendemos. El antiguo significado de la palabra miedo era entender. Lo que tememos lo atraemos hacia nosotros. Esto significa que lo que entendemos o no entendemos en muchos casos lo atraemos a nuestra consciencia.

No hay nada que temer porque somos todos pasajeros de la misma nave espacial llamado tierra. Una raza y especie, la humanidad, somos todos de una misma fuente. Por supuesto hay muchas culturas, idiomas y creencias, pero una sola fuente y este se compone de infinita variedad. Tantos como hay estrellas y planetas en el Universo, somos todos partes que componen el uno.

Con todas nuestras diferencias, nuestros intereses son los mismos. Cuando Abraham Maslow escribió su Jerarquía de Necesidades, vio a la humanidad como un todo. Nuestro deseo de sobrevivir es seguido por la necesidad de ser aceptado y amado, de conocer y finalmente de tener un auto-realización, donde entendemos nuestra verdadera identidad. Yo agregaría vida en necesidades generales para la comunicación para que tu cooperación pueda suceder. Hasta los pájaros le dicen a mi pequeño perro que debe cooperar para que la vida continúe.

Consciencia Reflectada

Nuestras reacciones contra las cosas que despreciamos, son cosas que también son parte de nosotros. Memorias de eventos, creencias, dogmas, y experiencias son el contenido de lo que es parte de nuestro pensamiento. Como la consciencia está en conocimiento de sí mismo como consciencia, estamos siempre mirando en el espejo de nuestra mente inconsciente. Entendiendo los recuerdos le dan a la humanidad un sentido de continuidad. Nuestra naturaleza es eterna e infinitamente presente en todo momento. Hasta para decir qua la consciencia no existe es reconocer su existencia. Tenemos nuestra historia, el todo del universo dentro de nuestras consciencias. Nuestra vida es una lupa. Estamos siempre reflejados en nuestras acciones e inacciones con lo que nuestra mente está pensando. Llevamos el temor y el amor por dentro. Cuando reaccionado uno a otro estamos reaccionando a nuestra consciencia personal.

Estando en el Ahora

Nuestra mente explota cada día con el pulso de billones de neuronas. Estos hilos en miniatura de la consciencia están unidos juntos en nuestra mente para hacer sentido de nuestras experiencias. Sabemos que somos capaces de vivir en múltiples dimensiones, universos y mundos en cualquier momento.

Detente un segundo, toma una respiración profunda y lenta y déjalo salir. Concéntrate en esta respiración en este momento solamente. En este momento, toda la vida es exactamente como debe ser. Tú eres un todo, entero y completo. Al quedarte en el presente, rehúsas a vivir en el pasado y fantasear sobre el futuro. Tu consciencia tiene la habilidad en este momento para entender que está conectado con toda vida. Por naturaleza somos existenciales en nuestro ser. Cuando Cristo dijo "solo como un niño puede entrar a la casa del Padre", hablaba de esta naturaleza existencial. El milagro y el regalo de la vida es entender: en conexión encontramos nuestro propósito de existencia y el sentido de la vida. Estamos completos.

Ahora es la Realidad a la Cual Debemos Despertar

Estando presente es la única forma de experimentar la vida. El pasado y el futuro son ilusiones. La vida requiere tu presencia. Solo con los ojos bien abiertos logramos encontrar lo que queremos saber y tener en nuestra vida. Con los ojos bien abiertos la humanidad puede aprender a alimentar a los hambrientos, cuidar a los enfermos y abrazar a todo lo que venga.

En esta nueva edad nos acercamos a demandas que entendemos como principios de leyes cósmicas espirituales. La humanidad sigue creyendo que 2+2=5. Sus pecados (equivocadamente). Una vez que entendemos que el principio de 2+2=4 todo se vuelve extraordinariamente simple. Ninguno de nosotros tiene más Dios o más amor que otro. Ninguno de nosotros tiene más Verdad o consciencia. Es como Einstein dijo, todo se presenta en forma pareja para todos.

Nuevo Mundo Valiente

Cada niño será ensenado los principios de amor. En esto todo la sanación tomara lugar. Los niños podrán caminar a salvo por las calles maravillados, llenando sus cuerpos crecientes con agua limpia y comida sana. Con sus ojos abiertos exploraran el mundo bello que se presenta para ellos.

Depende de nosotros que esto suceda. Ninguno de nosotros puede sentarse sin hacer nada y dejar que nuestros hermanos hagan el trabajo. Nuestro trabajo es clarificar nuestras consciencias y abrazar al mundo como un lugar espiritual y sagrado. Cuando seamos íntimos con nuestro ser como la creación del Creador, experimentados los sagrados pensamientos de la fuente Creador, pensamientos de Dios, la Verdad y su esplendor total. Una vez que creamos este lugar en nuestras consciencias, estamos por siempre libres. Libertad, salud y amor empiezan todos en nuestra mente. Este nuevo mundo valiente es un mundo de entendimiento de nuestra existencia donde toda vida es sagrada y todos los seres son sagrados.

Donde Comenzar

Comenzamos con nosotros mismos, liberándonos de la esclavitud del pasado, después nuestras familias y escuelas. Ensenamos a nuestros niños más que leer y escribir, les ensenamos sobre el amor absoluto y el ser uno con la comunidad de la humanidad. Después, lo llevamos a nuestros líderes, demandando un régimen de compasión, fuerte y capaz de ayudar a toda la humanidad, no meramente intereses especiales.

Todos los maestros han escritos y hablados de este trabajo. Es nuestro trabajo. Es el camino para liberar nuestro ser de la esclavitud de falsas creencias. Como Moisés, Gandhi, Buddha y millones de otros, esta es tu oportunidad, mi oportunidad, para sanar al mundo y a nosotros mismos.

De nuestros pensamientos, creamos forma y todas nuestras experiencias, incluyendo a nuestro mundo y todas las situaciones. Todos son una manifestación de una Inteligencia interior e invisible. Esta conciencia humana colectiva es la fuerza detrás de los eventos y de la vida en la tierra, y debemos transformar el estado de la consciencia humana. Para lograr esto tú debes, primero que nada transformar tu consciencia. A medida que la antigua consciencia se disuelve, una nueva vida emerge y así, un nuevo planeta.

El estado mental, física o mecánica, no es la mente que crea. La creación verdadera debe venir del Espíritu. La creación no se equivoca. Debemos dejar que el Espíritu crea por nosotros, por nuestra habilidad de pensar con nuestra mente superior. Tenemos acceso a esta mente a través de nuestra naturaleza espiritual.

Respira profundamente y deja ir el pasado, exhala, inhala la luz pura de amor absoluto. Permite que el esplendor que es brille dándote la luz y el valor para el camino que debemos transitar. Únete a mí, tome mi mano. Como va uno, vamos todos.

Lo escuchas? Un billón de estrellas están cantando. Un billón de soles están riendo con la alegría del todo! Lo escuchas? Escuchas las lunas de la eternidad llamándonos a unirnos al Uni-

Capitulo 5   Todo Sucede Como Debe

verso? Toma mi mano e iremos.

Donde Puedo Comenzar?

Notas

"Yo creo en el poder de la intención de cambiar el paisaje de nuestra sociedad – y es mi intención vivir una vida autentica de compasión, integridad y acción."

- Zachary Quinto

Capitulo 6

Abrazando Nuestras Diferencias

La intención de los gobiernos y su función era de proveer un grupo o comunidad con programas y estructuras que le protegieran, y serán de beneficios a grupos y guiar a los que lo necesitaran. Nunca fue sobre edificar negocios o excluyendo a otros.

El Camino Al Infierno Esta Pavimentado de Buenas Intenciones

Las intenciones del gobierno son muchos pero raramente entregan todo lo esperado. Deberían proveer los recursos y herramientas que beneficien a todos, el total de la ciudanía. El gobierno funciona de acuerdo a los líderes, y los líderes son elegidos por los ciudadanos en una democracia. No es bueno apuntar dedos y culpar a otros. Nuestra consciencia colectiva está trabajando.

El principio de la filosofía de Ayn Rand al principio de la década de 1960 en los Estados Unidos y alrededor del mundo, un nuevo liderazgo emergió, uno cuya directiva era darles a las personas lo que querían. Un líder se definía como una persona que mejor podía entregar lo que sus seguidores querían. Junto con este nuevo liderazgo, una avaricia sin precedentes y deseo de poder emergió en el mundo.

La final de la década la conciencia estaba explotando alrededor de nosotros con un nuevo entendimiento. Como ciudadanos ya no aceptábamos que la idea de guerra era la respuesta. Los ideales antiguos estaban siendo tirados al viento. Después en la década de los 80, Ronald Regan se convirtió en el símbolo de liderazgo en el mundo. Era la generación del "Yo". Y el liderazgo tenía el propósito de permitir que la avaricia continuara creciendo. En ese tiempo el mundo de empezó a conectar de una manera que nunca había pasado antes. Nació el Internet. Esto iba a cambiar el paradigma completa del mundo.

Con Internet llego un nuevo tipo de transparencia. La salvajería y la esclavitud del mundo se rebelaron. En tiempo real nos dimos cuenta que no estábamos sobreviviendo. Nuestro mundo se estaba muriendo de sobre población. Los líderes del mundo nos estaban ahogando. Junto con la avaricia y la manipulación vino un despertar. Ahora somos capaces de ver lo que está pasando en tiempo real. Nuestros ojos ya no están cerrados. Ahora debemos encarar a nuestros líderes y nuestra inconsciencia colectiva.

Mientras los lideres nos daban lo que queríamos, cerrábamos los ojos al régimen de miedo y mentiras. Pero ahora entendemos que necesitamos un nuevo tipo de líder. No necesitamos recapturar éticas e ideales antiguos; necesitamos crear nuevos tipos de líderes compasivos. Lideres que no desean poder pero que ven el liderazgo como un tipo de servicio; lideres que no piensan que son como Dios pero que entienden las necesidades espirituales de los que representan.

El antiguo estilo de liderazgo igualaba la verdad con sus creencias. Iban a los extremos de preservar sus creencias a toda costa. Aun ahora, justificaran estas ilusivas verdades matando a los no creyentes. Demuestra que tratamos con ignorancia, ciegos por el temor de nuestras diferencias en vez de aceptarlos. No podemos arreglar nuestro mundo hasta que estemos dispuestos a abrazar y compartir nuestras diferencias.

Al final solo hay una verdad y tu lo ERES. Tú eres la verdad, está en ti, pero si lo buscas en otro lado, no lo encontraras.

Jesús dijo: "Yo soy el camino y la verdad y la luz." Aunque eso apunta a la verdad no lo ES. Solo hay una absoluta verdad donde todos los otros tienen su fuente. Las acciones pueden reflejar la verdad o una ilusión.

Te unirás conmigo en ser un nuevo tipo de líder? Entra a nuestro mundo valiente como Verdad. Eres tú y solo tu el que puede hacer estos cambios. Podemos hacer esto juntos.

"Me rehúso a aceptar el punto de vista de que la humanidad esta tan trágicamente amarrado a la medianoche sin estrellas del racismo y la guerra; que el amanecer brillante de paz y hermandad no puede convertirse en realidad… Creo que la verdad desarmada y el amor incondicional tendrán la palabra final."

- Martin Luther King, Jr.

Capitulo 7

La Realidad Como la Entendemos

La base de nuestra realidad no se encuentra en las influencias mundiales; está basada en espiritualidad y en nuestra esencia. Hay más de seis billones de personas sobre la tierra y estamos todos conectados. Estamos todos tejidos en la fabrica Universal. Tanto como los planetas, las estrellas y las galaxias, estamos en la red del campo psíquico - magnético. Este es el vientre de energía creativa de donde emanan todas las cosas. Usamos este medio para crear y manifestar nuestras experiencias de vida.

La ciencia ha demostrado que el Universo y todo en el retornará a su estado original de nada y sin forma. Tal como el Universo se ha expandido desde el Big Bang (explosión original) y se encogerá nuevamente a la nada; a su origen que es pura energía. Pasara por el mismo ciclo nuevamente. Nada en el Universo muere. El Universo no se pierde, todo simplemente se transforma.

Nuestras vidas y nuestros cuerpos pasan por el mismo ciclo: comienzo, la explosión de la fuerza creativa de vida, hasta el momento de desaparecer y la transición, a la nada, y así, convirtiéndose en energía, su origen. Estas transiciones incluyen todo: gobierno, creencias y nuestras consciencias. Todo cae en el mismo ciclo de existencia temporal.

Una nueva era de consciencia está emergiendo, uno que está mas allá del las limitaciones físicas y de pensamiento. La humanidad está despertando a las dimensiones que existen dentro de nosotros, infinitamente más vastos de lo que pensamos. Nos referimos a las formas antiguas y pasadas de la existencia humana para crear nuestras vidas, pero estos están construidos de patrones viejas y falladas. Estos hábitos de identificación con la memoria de herencia-humana están aun sin cambiar. Aun creamos en el mismo mal porque no funcionamos sin identificarnos con lo antiguo. Hasta que aprendamos que estamos más allá del pensamiento, más allá del mundo de cosas, que podemos ser nuestro más puro estado de ser, e identificarnos con nuestro ser original, siempre seremos víctimas de las distracciones.

Cuando ya no requieres pensar en quien eres y subir al espacio de ser – es cuando comienza la iluminación, el entendimiento. Este es el lugar donde las limitaciones ya no tienen importancia. Es aquí donde todo es conocido y no hay nada más que comprender después de eso.

Que es Necesario?

Que es necesario para transformar a la humanidad? Unirnos como uno, y hacer que el mundo sea el lugar que debería ser? Toma tanto tú como yo, dispuestos a cambiar nuestra consciencia, dispuestos a pasar por encima del abismo del temor y las creencias. Mirando por encima del abismo, escuchamos los gritos en nuestra cabeza, sentimos el caos y temblamos en nuestro miedo de caer. La valentía no es fácil de encontrar. Tu deseo de cambiar y abrirte a ESO, tu naturaleza verdadera, debe ser tan grande que sea más fuerte que tus miedos. A veces toma una catástrofe o una tristeza extrema antes de que podamos decir, "Que es lo que tengo para perder?" A veces, toma nuestra vida entera para llegar al punto donde tenemos la valentía de pasar a través del gran abismo, a donde podemos saltar hacia la cordura abrazando nuestra verdadera identidad.

Capitulo 7 La Realidad Como la Entendemos

Creación

Tenemos todos esta necesidad, de buscar más allá de nuestra situación actual, de buscar algo por fuera de nosotros. Debemos tratar de liberarnos de las ataduras que nos limitan, establecidas por nuestras creencias y las experiencias que hemos vivido que refuerzan esas creencias. Buscamos entender el principio de nuestras consciencias, nuestra vida y entender el camino que seguiremos al morir. La vida sin una comprensión de la creación parece vacio, sin conexión ni significado. La muerte sin una vida eterna es incomprensible para la mayoría de nosotros.

Un Verdadero Estado de Soledad

Tanto como es difícil concebir completamente el infinito, también es difícil entender la finalidad o la limitación de la vida. El infinito es un estado de ser, más que un concepto intelectual que puede ser entendido. Para abrazar una experiencia del infinito debemos salirnos de nuestra vida intelectual y emocional y dejar de lado nuestras creencias y experiencias. A media que puedes dejar el entendimiento intelectual del infinito, abandonando el espacio y el tiempo como factores relativos y abrazándolos como experiencia, nos quedamos con nada, sin puntos de referencia, sin una secuencia de eventos, sin familiaridad.

En ese punto, comenzamos a sentir el ser y experimentar el ser. Estamos finalmente y totalmente solos, sin otros en mente o espíritu. Solo ser no es intelectual ni emocional. Solo ser es una experiencia sensual donde las cosas ya no son cosas, donde todo el tiempo que fue ES, y todo lo que será ES. Nada existe fuera de este estado de ser sensual. Es un acto de pura creación. Es sin el finito ni el infinito. Este estado, si tenemos suerte, lo experimentamos a lo menos una vez en nuestras vidas. Tiene todas las respuestas y por no tanto ninguna respuesta. Para comprender este estado, debemos entender como nuestro intelecto llega a creer y las experiencias de vida y muerte.

Unidad

Las lecciones se presentan cuando tú estás preparado para

recibirlas. No importa lo que hagas, lo que importa es que en cada situación hay un propósito. Tu propósito se encuentra al aceptar lo que eres. Esto significa que la vida solo se puede vivir en el ahora. Dios solo se encuentra en el momento de ahora.

Como vives en el presente es la pauta de como vivirás en el futuro. Lo que elijas pensar, decir y hacer es solo posible en el presente. El presente te permite escuchar a otros y estar donde ellos están. Esta apertura permite el aprendizaje y el auto-crecimiento. Hay diferencias pero las diferencias son un componente del entero y las muchas partes que componen el Uno.

El Universo está lleno de una infinita diversidad, nosotros los humanos somos un ejemplo de la infinita manifestación con todas nuestras diferencias. Como el Universo opera en armonía con toda la diversidad, también los humanos con todas nuestras culturas, puntos de vista y creencias, porque al final somos todos partes de uno; parte de la misma vida, del mismo Universo, de Una fuente, todos nosotros tenemos nuestro origen en Uno.

Nadie escapa la vida o la muerte. Por un momento nuestros temores nos pueden unir. Es nuestro propio valor el que debemos encarar como la humanidad. El valor nos llevara a la lucidez. El salto a la lucidez es uno de unidad. Encontramos que somos partes de un gran coro de humanidad. Nuestras infinitas manifestaciones brillan con la belleza de nuestras diferencias. La separación y la exclusión son un tipo de locura.

Podemos hacer una pausa por un momento y encontrar una forma de unirnos? Ahora? Yo sugiero que abrasemos nuestras diferencias como una forma de ensenarnos los unos a los otros. Son las diferencias entre nosotros y los otros, todos ellos, los que componen las partes que nos faltan. Es la diferencia entre los individuos, lo que nos completa. Hemos pasado demasiado tiempo infligiendo dolor y sufrimiento a los otros. Lejos, la mayor razón por cual los humanos infligimos dolor y sufrimiento en otros no es obra de criminales, sino obra de personas normales y responsables dominados por su ego.

Capitulo 7 La Realidad Como la Entendemos

La locura es la norma que afecta a nuestro mundo. La verdad es que es el temor es el que gatilla el impulso reactivo a la violencia. Tememos lo que no entendemos en el otro. Este fenómeno desconocido es exactamente lo que nos falta y lo que necesitamos para ser completos.

Ven, toma mi mano y salta conmigo a la lucidez. Si lo hacemos juntos tendremos el valor de vivir como nuestro verdadero ser. Por favor, toma mi mano.

~ ~ ~

Que Necesito Hacer

Notas

"Una casa debe ser construido sobre una fundación solida si es que va a durar. El mismo principio es aplicable al hombre, sino el también se hundirá nuevamente en el suelo blando y será tragado por el mundo de la ilusión."

- Sai Baba

Capitulo 8

El Opio de la Ilusión

La ilusión es tal vez uno de los conceptos más difíciles de entender por los estudiantes espirituales. Nuestros sentidos nos dicen que el mundo es sólido y nuestra mente cree lo que nos informan. La ilusión, el estado de sueños es como opio para nuestro ego. Nos agarra a una edad muy temprana. Debemos dejar nuestra adicción al sueño, a la ilusión de que hay algo que nos separa.

La ciencia nos dice que no es la flor que vemos sino la luz que se refleja en la flor. Nuestra mente inconsciente entonces se identifica con la flor de acuerdo a la luz reflejada. Si nuestras experiencias y creencias nos dicen que la flor es veneno, lo rechazaremos. Lo que sabemos es que la flor es venenosa para nosotros reaccionara como veneno en nuestro cuerpo. Pero para otro que no tiene nuestra creencia será muy diferente. Algunos tribus nativos de Estados Unidos comerán escorpiones diciendo que les da fuerza. Si tú o yo fuéramos a comer uno nos enfermaríamos. Es a través de nuestras creencias que la vida aparece como nos aparece.

Lo que aparece delante de nosotros es sino un sueño. No hay una realidad física. Mucho de lo que debemos entender, si es que queremos cambiar nuestro camino actual, no puede ser visto. Estas falsas creencias nos previenen de reconocer la realidad Verídica.

La ciencia nos dice que la mayoría del volumen de un átomo es espacio vacío, tal como el Universo. No hay un 'por fuera' de un átomo. Toda la vida es un subir y bajar de energía. Estamos llenos de hoyos y espacios. En los ojos de la ciencia no hay nada solido ni fijo en nosotros. La vida aparece como es por la consciencia colectiva de la humanidad. No hay un principio que dice que rojo es rojo; es un nombre que le dimos. Ni importa el idioma que hable, el concepto de rojo se mantiene como rojo por la información inconsciente que hemos recolectado durante billones de años. Rojo es una definición que hemos aceptado por la mente inconsciente.

Los gobiernos, las reglas y las religiones son tipos de ilusión colectiva. Hemos decididos la forma que tienen de manera colectiva. No te convenzas de que no son reales, o de que deshacerse de las ilusiones es fácil. Esta en cada célula de nuestro ser a través de billones de años que estas cosas son como nos aparecen a nosotros.

La humanidad crea a los Dioses. Esto comienza cuando somos bebes a los pies de nuestros padres. Los miramos como los que dan y toman de nuestras vidas (una buena definición de lo que llamamos Dios). Y así comienza la creación de Dioses en nuestras vidas. Nuestros Dioses pueden representar poder, dinero, belleza o lo que queramos que sean. Como podemos ser intimidados con el concepto de Dios si le damos una definición tan temporal en nuestras vidas?

Nos sentamos juntos en este gran teatro de la vida, proyectando a la pantalla nuestra película actual. Es así de simple decidir que no queremos ver más esta película. Cambia la película, deja la ilusión y te desharás del dolor y la pobreza en el mundo.

No hay un viejo sabio con una barba larga que llegara a salvarnos. Lo que tú adores o puedas pensar que una imagen de Dios, déjame decirte: NO LO ES! La mente humana no puede en-

Capitulo 8   El Opio de la Ilusión

tenderlo. Las religiones (incluyendo las religiones seculares como las nacionalidades) son conceptos que hemos creado. Lo que creamos son las prisiones de nuestra mente.

    Las reglas y los gobiernos se crean porque aun no hemos logrado liberarnos de la prisión de nuestros egos. Nuestra prisión mental es un plano de disfunción, el cual aun opera en un modo primitivo de supervivencia. No hemos evolucionado de nuestras maneras primitivas. Al ir más allá de la ilusión, romperemos los miedos y veremos que el ego debe ser superado. El ego se esconde detrás de la necesidad del ser humano y quiere engañarnos para que nos identifiquemos con él.

    Este libro puede ser controversial para algunos pero tendrá un impacto en ti. Espero que te haga pensar. Hagas lo que hagas, digas o pienses te pertenece. Viene de ti y por lo tanto es tuyo. Volverá a ti.

    El valor que toma ser nos saca de la ilusión de lo ordinario a un estado de existencia extraordinario. Nuestras vidas se convierten en uno donde abrazamos la individualidad pero entendemos la base de la vida es de una idea, sin importar el nombre que se le dé. Los que tienen el valor de ser no tienen que hablar de su pasión, lo viven. Están dispuestos a estar de pie en la cara de adversidad para lo que es la Verdad y lo correcto para todos. Son los que tienen el valor de proteger a los niños de la retorica de miedo y el opio de la ilusión. La individualidad se convierte en una fuente de orgullo y celebración. La libertad es para todos la mayor premisa de su ley gobernante.

    El valor de ser es más que aceptar la Verdad. Es sobre liberar nuestras mentes de la cautividad de la ilusión de la libertad y el ego. Se unirán conmigo para subir la montaña por favor? Encontraremos libertad de la esclavitud de este mundo de fantasía en la verdadera naturaleza de la realidad. La libertad de amar completamente, reír con frecuencia y sentir profundamente. Esta subida es más fácil si lo hacemos juntos.

"Hombres poco profundos creen en la suerte. Hombres fuertes creen en la causa y el efecto."

- Ralph Waldo Emerson

Capitulo 9

Tu Eres La Paradoja

Cada Persona es una persona. Cada persona, incluyendo tu y yo, somos parte del todo. Sin importar de dónde eres, cual cultura o sistema de creencias tengas, tu eres la causa y la vida es el efecto.

La Ley de Causa y Efecto

La práctica de atención en todas las áreas de la vida produce un entendimiento pragmático de cómo funciona nuestra mente. Al observar nuestros pensamientos podemos aprender como nuestro cuerpo, nuestro ser como un todo, sigue las instrucciones de los pensamientos. Si nos paramos y respiramos y el pensamiento nos viene de sentarnos, nos sentamos. Si el pensamiento es de moverse hacia adelante, nuestro cuerpo responderá con el impulso y se moverá hacia adelante. El cuerpo y el ser responderán a todo pensamiento sin importar lo que sea. Es importante que entendamos esto para que nuestra vida responda a nuestros pensamientos.

Nuestras acciones y la respuesta del mundo que nos rodea están unidos, no como dos acciones pero como una consciencia.

El ir y venir no puede ser separado del pensamiento. El cuerpo y la mente son un concepto, no son separados. La causa y el efecto son una idea. Examinando la paradoja de esta idea llegamos a un nuevo entendimiento del uso de la atención en nuestra vida día a día. Esto es decir que cada acción que tomaremos tendrá un rumbo de cómo nuestras vidas se desenvuelven para nosotros, porque somos el causante tanto como el receptor del efecto.

El entendimiento de toda vida se une en este punto, donde vemos que somos el causante y el receptor del efecto. Las paradojas juegan un papel importante en la vida, donde el pensamiento finito y la idea de lo infinito se unen. Si no entiendes lo que estoy escribiendo no te preocupes, estos son ideas que solo podemos entender un poco a la vez. Los monjes y los sacerdotes pasan la mayoría de sus vidas contemplándolos. Lo que necesitas saber es que cada vez que encuentras un conflicto de pensamiento estas tratando con causa y efecto. Estas tratando con el problema y la solución en el mismo punto. Cuando observamos el punto de paradoja, no vemos a la cara y sello de una moneda como entidades separadas. No se sostienen solos, pero más bien lo que aparece a primera vista estar separado es una idea más grande que las partes individuales.

Para ganar comprensión al proceso de nuestra vida y a la obtención de nuestras metas, debemos entender que cada uno de nuestros pensamientos, sin importar que tan bajo o al parecer insignificante, tiene efecto sobre nuestra vida. Así, todos los pensamientos son los causantes. El entendimiento de causa y efecto en nuestro pensamiento es un proceso que toma toda la vida.

Las mayores causas de interrupción en nuestras vidas son nuestras intolerancias y creencias en cosas que ya no funcionan. Si pensamos como lo hacíamos cuando niños, nuestra vida adulta ser confuso y doloroso. Como podemos funcionar usando las ideas de la vida de un niño? Nuestro ego nos impide ver como pasa nuestra vida y donde están nuestras responsabilidades. El ego nos haría creer que los otros están errados y que nuestro pensamiento es el correcto.

Cualquier percepción de que estamos separados de lo que forma nuestra expresión consciente de nuestro mundo, es una ilusión. Nuestras percepciones están edificadas sobre creencias. Es como tener un par de anteojos de color puestos todo el tiempo; eventualmente te acostumbras a la distorsión de color e ignoras la ilusión. La fantasía aun existe pero tú terminas ignorándolo.

Nos han ensenado que las cosas nos pasan a nosotros, y por lo tanto se ha convertido en una creencia y percepción de nuestras vidas. Como los anteojos de color, nos hemos acostumbrados a la ilusión, el sueño, y hemos llegado a pensar que esto es la realidad; el causante esta por fuera de nuestra consciencia. Si ponemos el causante fuera de nuestro ser, nos separamos de los poderes creativos y la realidad de nuestro mundo. Como todo rehén (porque somos todos rehenes de nuestras creencias e ilusiones), tomamos el lado del enemigo. El enemigo es el ego, la creencia y la percepción de que no somos el causante y que estamos separados del centro de nuestro ser.

El ego nos aterroriza. Nos dice que si nos sacamos los anteojos de color no podremos ver, no podremos sobrellevar la vida. Nos permitimos ser rehenes de los temores con que hemos crecido en nuestras creencias y entendimientos de niños. La única forma de encarar el abusador aterrorizando el ego es de enfrentarlo. Sácate los anteojos de colores y mirar claramente la belleza que puede ser tu vida.

Percibimos de acuerdo a nuestras creencias. Un hipnotista le dirá a un miembro de la audiencia que la temperatura de la habitación es muy elevada. Esta creencia implantada causa que la persona comience a traspirar. Puede que la temperatura en la habitación sea fresca, pero la percepción de calor es lo que existe y el cuerpo reacciona a esto. Esto nos sucede a nosotros cada día. Creemos algo y se convierte en una realidad para nosotros. Creemos que algo es dañino, o creemos que algo es bueno, y reaccionamos de acuerdo a eso. Nuestros pensamientos y creencias dirigen cada movimiento.

Es imposible tener dominio sobre tu vida si estas separado de lo que produce la vida como lo entiendes. Mientras más grande la película en tu realidad, más opciones tienes. Mientras te mantienes separado de ese concepto, tus creencias, pensamientos y percepciones están formando tu vida y no tienes ninguna manera de cambiarla. Mientras más eliminas creencias limitadas que tu familia, las escuelas y la cultura te enseñaron, mas libertad tendrás de dirigir tu vida de una manera satisfactoria. La idea que cualquier otra persona sea el causante en tu vida es ilusión.

Tener dominio sobre tu vida no significa que serás adinerado o famoso. Significa que tendrás una forma de ver la vida que será satisfactoria y excitante. Significa que la confusión interior disminuirá y las situaciones dolorosas serán comprendidas, y las normas, que son los causantes que interrumpen tu vida, serán cambiadas. Al final, es un viaje de consciencia intencional. Como despertar de un profundo sueño, nuestra vida toma un aspecto fresco, excitante. Somos el creador como consciencia. Encontraras el propósito de tu ser.

Como Funciona Esto

Estamos dirigiendo los eventos de nuestro mundo, y al mismo tiempo, siendo programados por los mensajes que se devuelven a nosotros. Esto se ve en las noticias que vemos. Nuestros pensamientos están constantemente atrayendo las situaciones de nuestro entendimiento y experiencias.

Los medios de comunicación están constantemente inundando nuestras mentes para capturar nuestra atención. Estamos en un estado de cautiverio. Para mantenernos allí, para alimentar nuestro tedio, crean más noticias, que afectan nuestras vidas de una manera u otra. Las noticias que vemos nunca contienen la información que inducirá la conectividad que tanto necesitamos para cerrar el espacio y unirnos. Una madre en un campo de refugiados en algún lugar de África o Cambodia está desafiando probabilidades imposibles para alimentar a sus hijos y mantenerlos a salvo: nunca nos enteramos de su historia. Ella nunca podrá relatarle al mundo sobre la ejecución de una guerra sin sentido conducido por unos matones perversos e ignorantes.

Capitulo 9 — Tu Eres La Paradoja

Donde Comenzamos

Comenzamos al removernos los anteojos de colores que hemos estado usando. Nos observamos claramente en el espejo. A medida que comenzamos ver, aceptamos nuestra responsabilidad y parte en el mundo en el que vivimos. Demos la bienvenida a la paradoja, sabiendo que antes que el problema puede existir la respuesta debe ser. Una vida autentica te espera.

Únete a mi mientras damos un paso al círculo de fuego, donde nuestras actitudes y creencias falsas los dejamos por nuestro ser autentico. Y como el fénix, saldremos de las cenizas juntos como un mundo unido. Únete a mí, la respuesta nos espera.

~~~

Mi Paradoja

"Si no nos amaramos, no podríamos estar obligados a amar a otra cosa. Así que el amor-propio es la base de todo amor."

- Thomas Traherne

Capitulo 10
Amor Propio

Deja Que Tu Corazón Y Espíritu Te Lleven

El amor propio es la herramienta singular más poderosa que tenemos, pero pocos de nosotros lo dominamos y la mayoría solo sabemos y experimentamos una pequeña vista de otro. Si solo pudieras ejercitar un musculo en el camino de la vida debería ser el de amor propio. No puedes, honestamente, consciente o inconscientemente dar amor si no puedes amarte a ti mismo.

Cuando todo se haya dicho y hecho, que es lo que buscamos y deseamos? Es el amor, y todo lo que hacemos, decimos y pensamos es motivado por el deseo de amar y ser amados. Buscamos nuestras grandes fortunas, cuerpos hermosos y toda manera de símbolos de estatus, siendo engañados a pensar que si tenemos más cosas, nos amaran más. Te puedo garantizar que si tú crees que serás más feliz una vez que ganas la lotería, estas muy equivocado.

El Último Sanador

Toda creación es un acto de amor. El amor es más que una

emoción, es un movimiento en la consciencia. Como un flujo de energía y gracia, se mueve de adentro hacia afuera. El movimiento del amor es tan poderoso; tan potente que puede sanar una herida física, una injusticia emocional y devolver la vida al ser. Eso que se crea en consciencia en un acto de amor, es siempre y eterno en naturaleza.

Para que la vida prospere, debe ser amado. Como consciencia, estamos siempre creando amor y estamos parados en amor. Es imposible ser conscientes sin amor. Amar es un acto de dar y aceptar. Desear ser amado es tan natural como respirar. Un simple acto de amor puede cambiar la misma química de nuestro cuerpo. Una planta que es amada crece, tanto como los niños y toda otra vida. El acto de vivir es un acto de amor.

Una vez que la consciencia de amor esta cometido, nunca se puede deshacer. Puede cambiar de forma, desenvolverse y convertirse en algo nuevo, pero la consciencia de amor no puede terminar. Una vez que hayas amado, sin importar a quien hayas amado o lo que ha pasado con tu amor; el amor es para siempre. Nuestra consciencia cambia, se desenvuelve y redescubrimos nuestro verdadero ser cuando damos amor y aceptamos amor. Solo hay una cura para el mundo y los males que lo afectan. Y esto es amor, una aceptación incondicional de todos los seres es la consciencia creada en un acto de amor. El único camino a la sanación de cualquier tipo es el camino del amor.

El amor absoluto es, en términos espirituales y ontológicos, el flujo de energía de Dios a través de todos nosotros. El amor incondicional ve a Dios o Verdad en todo lo que existe. No juzga el brazo quebrado o la cara sucia, el color de piel diferente, ni idioma, ni percepción como un error, pero si ve estos estados como Verdad manifestándose en una variedad infinita. Cuando nos enamoramos, tocamos el espíritu y consciencia del otro. Es imposible amar al cuerpo físico. El cuerpo físico es solo una representación en este proceso del espíritu. Llega a representarnos al espíritu del otro. Amamos el espíritu de cada uno. Nuestros espíritus son de la misma fuente. A menos que podamos practicar amor propio, como podemos abrazar la única fuente creativa?

Capitulo 10   Amor Propio

El amor absoluto responde a las necesidades de la consciencia. El amor absoluto es receptivo a nuestra necesidad de explorar y entender la naturaleza de nuestra existencia a través de la sensualidad. No juzga ni en sí parece necesitar nada. Amor incondicional fluye de un lugar de ser absoluto donde nos aceptamos como espíritu, como la consciencia que está en conocimiento de sí mismo como consciencia. El flujo de esta energía es el mismo flujo como una meditación o un ruego, en que esta fluyendo dentro y fuera y devuelta como el movimiento de una ola.

Amor Sin Expectaciones

Mientras el amor absoluto siempre existe no siempre estamos conscientes del amor. Hay muchos estados de amor y consciencias sobre amor. Hay una necesidad dentro de nosotros de definir, explicar y dar razón. Esta necesidad nos lleva a poner condiciones sobre nuestro amor. Muchas veces el amor que experimentamos está lleno de condiciones. Amamos nuestros amigos por experiencias compartidas, intereses, apoyo y comunicación. Estos se tornan en las condiciones de amor. Cuando ponemos condiciones al amor, entonces no es absoluto. La prueba de amor absoluto es ver si el amor se mantiene cuando las condiciones han sido removidas.

Poner expectaciones en las relaciones y circunstancias de tal manera bloquea el amor absoluto. Para tener consciencia intencional sobre amor absoluto, debemos remover nuestras expectaciones y permitir que fluya el amor. Al dejar fluir el amor sin condiciones, te liberas a ti mismo y a las relaciones de las limitaciones de las condiciones que te evitan experimentar el poder, la sanación y la experiencia de amor.

El amor incondicional no solo es amor centrado en el corazón, está en el centro mismo del Universo, es la fuerza cohesiva que experimentamos como consciencia. Como un aspecto de la consciencia, toma practica vivir en un estado incondicional de amor. Amar sin expectaciones de comportamientos o relaciones es aceptar el ser, la existencia de toda vida.

Amor sin expectaciones, amor incondicional no es personal. Es una aceptación total, completa y perfecta de toda vida. No viene y va, ni cambia no se vuelve más débil... solo es.

Buscando Amor

Buscar amor es tan natural como respirar. Nuestros primeros gritos son para nuestra madre, los brazos de nuestra progenitora se estiran diciéndonos, toma, ama y conóceme. Buscamos esta crisálida, esta concha que llamamos cuerpo, penetrado y conocido. Buscamos ser aceptados como somos. En esta búsqueda, buscamos nuestro amor. Al principio pensamos que necesitamos a otro ser para encontrar nuestra alma gemela. Buscamos la pareja perfecta, quien nos conocerá a fondo y aceptará todo lo bueno y malo que creamos. Las respuestas que buscamos sobre nuestra soledad no se encuentran en los brazos de otro ser humano, sino en nuestras consciencias. La aceptación y el amor que deseamos comienza con el entendimiento de nuestro ser y nuestro amor propio.

Nuestro amado es el YO SOY, y está en la consciencia superior. El salto de fe ciego en el amor es simplemente tomando el salto por encima del abismo de la locura a los brazos de nuestro amado, nuestra consciencia superior.

Solo puedes experimentar lo que es tu consciencia. Lo que está fuera de tu consciencia no existe para ti. Tal como 2+2=4 no tiene conocimiento de 2+2=5. 2+2=5 está fuera del campo de principios matemáticos y no tiene existencia en el.

Saber que existe el amor significa que está dentro de tu consciencia. El amor es la fuerza cohesiva dentro de tu consciencia, tal como el Creador esta dentro de tu consciencia. Lo que existe no se puede perder. La consciencia no se esconde y tampoco puede hacerlo el amor. La experiencia de amar esta siempre contigo. Tu siempre estas parado en amor. Cada acto es un acto de amor. Solo tienes que abrir tus ojos para que te sea revelado. La consciencia no tiene existencia fuera del amor. El amor es la iluminación de la consciencia. Es la fuerza cohesiva, el que nos da propósito y destino. En amor, somos inmortales.

Los Verdaderos Ganadores

Los medios de comunicación trataran de hacerte creer que los que ganan fama, fortuna y belleza son más felices que tu. Esto es una completa falacia. A menos que puedas ver dentro de ti y amar quien eres, absolutamente nada en este mundo material hará la más pequeña diferencia en tu dolor y sufrimiento.

Hay una realidad mucho más grande del cual deberías estar en conocimiento y que muchas veces no es percibida. Somos parte de la misma fuente universal. Deseamos estar unos con otros e intercambiar nuestras gracias interiores. Es la ignorancia lo que nos mantiene separados y del entendimiento de porque estamos en este planeta en primer lugar.

Venimos aquí por un tiempo corto con la oportunidad de dejar nuestra marca sobre esta tierra, pero nos dicen que esto se logra al hacernos ricos y famosos. Que absurdo. Entonces, porque es que las personas de más influencias que han caminado sobre esta tierra eran pobres como Jesús, Gandhi, Madre Teresa y Buddha. Estos eran personas que no poseían más cosas materiales que la ropa con la cual se vestían, pero aun así son las personas cuyo ejemplo es seguido por todo el mundo. Estos son cosas que solo se logran en el reino espiritual.

El propósito de nuestros cuerpos es de albergar a nuestros espíritus. El único propósito de nuestro espíritu es de comunicar amor. Expresiones de amor entre seres humanos son la clave que hace la diferencia en esta vida. No sirve ningún otro propósito que ayudar a otras personas o situaciones, antes de sanar nuestros propios sufrimientos y sensaciones de separación. Debemos primero abrazar nuestro propio ser para encontrar amor absoluto. Ama tu cuerpo, ama tu alma, amate a ti en forma total.

Cada acto de amor es bello, y lleno de gracia debe incluirnos a nosotros mismos. No hay nada que amar fuera del ser porque el mundo es un reflejo del ser.

Eres el hogar en la cual vives, así que cuida tu hogar, manteniéndolo limpio y plantando flores bellas. Amate a ti mismo. Hará que reflejes lo mejor de ti. Cuando has aceptado tu verdadero ser, el hecho que eres, sabrás que eres una fuente para amor absoluto. Tu ser espiritual será alimentado mas allá de todas tus expectaciones. Cada día se convierte en un día de belleza, un día donde crece tu consciencia y se desenvuelve en milagros que aun no conoces.

La persona que puede abrazar su existencia a través de amarse a sí mismo es automáticamente carismático. Otros son atraídos a ti; quieren saber que tienes. Te conviertes en un símbolo, amados por todos. Una vez que abrazas a tu ser con amor, los otros no pueden sino amarte. Una persona que no se quiera a sí mismo no podrá amar a otros. Lo que tú piensas que es amor de otro es un deseo sin cumplirse. Solo amándote puedes tener una relación de amor con otra persona.

El Retorno al Corazón

Es imposible para nosotros no ser amados. Toda la vida es creada del estado del amor. No importa que te contaron sobre tu concepción y nacimiento, eres hijo(a) de amor. El amor no existe sin amor. El amor transciende todas las razas, todas las personas y toda la vida para encontrar expresión. Nada puede dañar o detener el amor. En palabras más simples, regresa a un estado de ser conocido como la realidad del corazón.

Ensena a tus hijos y nietos sobre el amor. Enséñales que el mundo fue creado de amor y es amor. Enséñales que el amor es tierno y gentil y abraza a toda la humanidad. No puedes dar un regalo más grande que explicar el entendimiento y la práctica de amor como una realidad del corazón. Mientras más amor se le da a un niño, mas amor propio desarrollan. Abrazar el amor hará que su camino personal sea tanto más fácil. Cada experiencia en sus vidas los acercara más a la Verdad y al ser abrazado por la naturaleza de la realidad.

El amor no es un ideal imaginario. No es algo que los

débiles practican. Amar y ser amado toma un individuo fuerte. Alguien que es capaz de dejar de lado su ego para un bien más grande. Eres una criatura de amor viviendo una experiencia humana. Si me preguntas porque existimos en este mundo en este momento, te diré que estas aquí para experimentar y entender que somos amor. Amor es la razón por la cual estamos aquí, amor es quienes somos… amor es lo que hacemos.

Toma mi mano mientras caminamos por este sendero de belleza, gracia y amor eterno. Un millón de auroras cantan nuestras canciones. Un billón de estrellas iluminan nuestro camino a través de la eternidad como seres de amor. Toma mi mano y date cuenta que no estás solo(a), sino estas uniendo este coro de amor llamado humanidad.

"Es el ruego de la parte más profundo de mi ser comenzar a darme cuenta de mi identidad suprema en el juego liberado de consciencia, la Expansión Vasta. Ahora es el momento, este es el lugar de Liberación."

- Alex Grey

Capitulo 11

Identidad

La pregunta inmediata que hacen al nacer un bebe es 'es niño o niña? ' Este incidente único comienza a crear la identidad del individuo. Nuestros padres nos presentan a otros como su hijo o su hija y aprendemos este título. Eventualmente nos convertimos en el artista, el trabajador, el esposo o esposa, el pariente, sumado a mil otros roles ayudan a crear quien creemos ser.

Pensamos que nuestra individualidad, nuestro ser se base en todos estos roles que hemos tomado. Perdemos un trabajo y estamos devastados porque hemos perdido la identidad que el trabajo nos daba. Una esposa pierde a su esposo y de repente encuentra que ya no sabe quién es ahora. Toda esta confusión y dolor se presenta porque hemos basado nuestra identidad en conceptos temporales.

La esencia de nuestro ser no está limitado por nuestro trabajo, relación o lugar de nacimiento. La identidad no tiene nada que ver con raza, religión o apellido. Mal entendemos quienes somos. Si creamos nuestra identidad basado en los roles que tenemos en la vida, entonces llegamos a ser inconscientes de nuestra esencia interior. Nuestro propósito interior se entierra bajo las reglas, los estatus y los conceptos que son creados por el hombre.

Cuando decimos y creemos que esto es quienes somos; así nos percibimos y así nos perciben otros. Pero esto no Es.

Nuestra verdadera identidad es uno de consciencia. Al estar consciente de nuestras consciencias, no tenemos limites que quienes y que somos. Ya no estamos restringidos por falsas identidades de personas y lugares. Nuestra herencia no es el que nos dieron nuestros padres pero es la herencia de una consciencia ilimitada manifestándose en la infinita variedad.

Tenemos cuerpos? Sí, pero no es nuestra identidad real. Nuestros cuerpos son nuestra experiencia humana. Somos seres espirituales tendiendo una experiencia humana. Uno de los discípulos le pregunto a Jesús si él debería pagar impuestos y Jesús dijo, "Dale a Cesar lo que es de Cesar y dale a Dios lo que es del padre. Porque estoy en este mundo pero no soy de él."

Cada profeta, sabio y persona poderosa ha entendido que, la verdad de su identidad real: no es de este mundo. Esto significa que no eres de esencia físico, sino de luz y espíritu.

Todo lo que tienes que hacer el mirar a los estilos de vida pública inducidos de las estrellas de cine para ver qué puede hacer una falsa identidad a un individuo. Estas estrellas que observamos muchas veces tienes problemas de alcohol, drogas y desesperación. O se están escondiendo o están tratando de entender quienes son. Queremos ser conocidos, queremos saber quienes realmente somos. Este es un tipo de deseo.

El Deseo

En todos nosotros existe este deseo, el deseo de ser conocidos. Buscamos que nos conozcan, no conocidos como famosos, pero de ser conocidos por quienes somos de verdad, como esencia. Este deseo de ser conocido es el deseo de ser aceptados. La necesidad de ser aceptados es sobrecogedora para muchos de nosotros. Quizás, como muchos psicólogos nos dirán, comienza con la separación del nacimiento. Por la razón que sea, esta necesidad,

Capitulo 12 Identidad

este deseo de ser conocido es la fuerza que nos empuja y que forma muchas relaciones y una gran cantidad de nuestras acciones.

Que es exactamente lo que queremos que otros entiendan de nosotros? Que es este deseo, este hambre, que tanto nos motiva en nuestras relaciones y acciones?

Quizás la respuesta fácil es que queremos que se conozca nuestro espíritu. La respuesta complicada es que queremos conocer nuestro ser, de penetrar las fantasías y las ilusiones exteriores para encontrar nuestro propio espíritu de ser. Debemos aceptar nuestro propio ser. Nuestra aceptación de ser no puede pasar en una existencia fantasiosa de un pasado o un futuro. Solo puede pasar en el momento AHORA. En este momento, el único momento que tenemos debemos aceptar el estado de ser de YO SOY YO, si queremos ser conocidos. Para saber quiénes somos – lo que somos – este es el primer paso de encontrar nuestra Intención Cósmica. Para encontrar nuestra Intención Cósmica, debemos penetrar nuestra propia fantasía y diluciones al centro para ser YO SOY YO.

Este gran y extraordinario ser que somos no lo pdemos conocer si está cubierto por falsas identidades, y el mundo imaginario que hemos construido. Tú no eres la fantasía: eres el mundo. Los niños pequeños saben que no son de este mundo. Saben que sus padres y guardianes no son sus verdaderos padres. Pregunta a cualquier madre o padre que haya adoptado un niño y te dirán" la identidad sanguínea no tiene nada que ver con su amor para con sus niños.

Nuestra consciencia no es un estado estático. Nuestro ser o existencia continua creciendo, acumulando ideas y experiencias. Capa tras capa de fantasía sobre quienes somos, lo que somos y hacia dónde vamos en la vida llenan nuestra inconsciencia.

Estamos constantemente pinchados por la voz de nuestro ego, llenando nuestra cabeza con cháchara, manteniéndonos dormidos y escondidos de nuestro ser. Esta constante cháchara es hipnótica. Nos fascinamos con el sonido de nuestros mismos pensamientos. Ahogamos cualquier posibilidad de oír la quietud de nuestro ser.

La ley de la naturaleza es un movimiento de adentro hacia afuera, desenvolviendo y revelando. Al mantenernos en estados de fantasía e ilusión nos mantenemos estáticos. Nos pudrimos, envejecemos, nos cansamos y dejamos de vivir cuando estamos inertes. Cada uno de nosotros mantiene un pedazo de vida, el que contiene todo el propósito, significado e infinidad de ser. Esta consciencia no está dormida. Esta consciencia está constantemente creciendo, desenvolviéndose, entregando significado y propósito al único momento que tenemos.

Como la suavidad del amanecer, esta consciencia juega con nuestro ser. Solo tenemos que detenernos, aquietarnos y dejar que revele su belleza a nosotros. Cuando nos quedamos en el AHORA dejamos que nuestras consciencias nos revelen el propósito de nuestro ser, nuestra intención cósmica y nuestra razón de existencia. El momento de revelación del propósito es un momento de placer extático. Este placer es para que experimentemos todos nosotros.

Lo único que necesitas hacer es estar presente en el AHORA, calmar tu mente-ego y permitir que el amanecer se desenvuelva en tu vida. Deja ir la ilusión y la fantasía que crees que eres y abraza el verdadero tu.

Despierta

El propósito de nuestro ser nunca se va. Es imposible escondernos de eso porque te sigue como un ser amado por donde vayas. El brío de explorar el propósito de nuestro ser es fuerte. Podemos tratar de escondernos detrás del ego de la mente, detrás de nuestros velos de ilusión, pero nos encuentra y lo vemos muy claramente. Es como ser despertados temprano en la mañana, nos damos vuelta de la luz y cubrimos nuestra cabeza con la cobija.

Compulsivamente, volviendo al pasado y corriendo hacia el futuro nos ayuda a escondernos de nuestro propósito y verdadera identidad. Y mientras nos mantenemos escondidos, nos mantenemos dormidos. Solo cuando estamos en el presente y en este momento, aceptando lo que es, podemos entender lo que es nuestro propósito de ser, nuestra Intención Cósmica. Cuando nos quedamos en el presente y aceptamos este momento, aceptamos lo que es, los velos de la ilusión se levantan de nuestra vista y como el amanecer, la luz nos despierta. Somos similares a nos niños pequeños que están siendo protegidos por los que han despertado a su propósito de ser y de verdadera identidad y por esto nunca despertamos abriendo nuestros ojos al sol.

No te quemaras con la luz del amanecer. La alegría de encontrar tu ser nunca te dejara. Despierta conmigo a la Alegría que nos espera.

~~~

Quien Soy

Notas

"Amor es la cura milagrosa. Amándonos a nosotros mismos conlleva a milagros en nuestras vidas."

- Louise L. Hay

Capitulo 12

El Milagro de la Entrega

Sanación

Uno de mis experiencias en esta vida fue el de ser guardaespaldas para celebridades. Uno de estas celebridades fue Lindsay Lohan. Fui su guardaespaldas durante la filmación de la película *Herbie*. Observe muchas cosas durante ese tiempo, pero lo más importante, lo que tuvo más impacto en mi experiencia, fue de ver una niña joven y hermosa con tanto potencial, siendo empujada a una vida artificial, sin amor ni alma. Sin tener la oportunidad de vivir la experiencia del momento más importante de su vida como adolecente, con niños de su edad, estaba perdiendo su niñez. Trabajando la mayoría del tiempo de amanecer a atardecer, estaba rodeada de productores y trabajadores tres veces mayor que ella. Su vida y su identidad eran escritas en los guiones de las películas en las cuales actuaba. Tuve un vistazo de un hermoso ser humano, que solo quería ser amada por su verdadero ser. Trate de ayudarla y guiarla, pero cuando uno de sus padres vio que mi ayuda podía poner en jaque sus ganancias se aseguraron que yo ya no fuera necesario. El problema con Lindsay, aun adolecente, es que no tenía una madre y un padre presente. Todos los juicios que causo fueron para llamarles la atención. Desesperadamente quería amor y apoyo. Bueno, encontró su reemplazo, el las drogas y el alcohol.

Hay muchas enfermedades en el mundo actualmente. Ilusión o no, existen y los sufrimos por nuestra ignorancia. Es difícil pensar que somos más que un cuerpo físico, y mientras estamos en un cuerpo físico, nos enfermaremos. Mental o físicamente los sufriremos. Los expertos en salud mental rara vez tienen una respuesta. Médicos alopáticos y psiquiatras prosperan dándonos píldoras. Tienes un dilema, toma una píldora. Esto no es por hablar mal de la profesión médica, más bien es para dar una mirada a lo que hemos permitido que pase. No podemos decir que la Verdad es todo lo que hay, Dios es todo lo que hay y que el grupo en este lado no tiene Dios o Verdad. Todas las prácticas médicas, alopáticas y alternativas, tratan con los síntomas en vez del causante. Para que una sanación de verdad tome lugar, debemos tratar con el causante.

Para sanar de verdad debemos entregarnos a un poder superior y dejar que sea la voluntad de Dios. La verdadera sanación viene cuando dejamos nuestra mente ego y comenzamos a ver que tenemos elecciones.

La Anatomía de un Milagro

Para que cualquier milagro o sanación ocurra debemos transcender la consciencia, que aparentemente está en la posición de requerir un milagro. La consciencia, nuestra consciencia personal, toma la posición de nuestra percepción. Nuestra consciencia personal es solo parte de la ecuación en el juego de nuestra vida. Estamos influenciados por la consciencia universal y quizás por la consciencia colectiva de nuestra familia y tribu. Todo esta consciencia no es sobre ser consciente de cosas o algo, más bien de estar conscientes de la consciencia que se desenvuelve alrededor nuestro. Es imposible para la mente humana abrazar totalmente y comprender el concepto de la infinidad. Es infinito, sin fin, para siempre y parejamente presente en toda la vida. El infinito es quizás la esencia de toda vida.

Capitulo 12   El Milagro de la Entrega

Para entender los milagros y la sanación, debemos primero entender que la consciencia que envuelve a la enfermedad debe ser transcendida. Cuando miramos al mundo, estamos viendo nuestra consciencia reflejada. No es simplemente como mirar un espejo y asumir que lo que ves eres tú. El reflejo de la consciencia nos muestra toda la vida. Nos muestra como la consciencia se desenvuelve alrededor nuestro, sea ilusión o realidad.

Para que ocurra una sanación, nuestra percepción debe cambiar. En vez de ver dolor como un enemigo, debemos abrazarlo con parte de la consciencia, entenderlo de punto de vista consciente. Nuestras percepciones cambian. Por eso, quiero decir que en nuestra percepción hay algo más o menos que la verdad, Dios y Consciencia. Cuando estamos alineados con la ley espiritual (Verdad/Dios), ya no estamos mesmerizados con lo que aparece como ilusión o ego. Tenemos una memoria perfecta pero el ángulo de percepción ha cambiado. El dolor, las trancas y otras farsas de nuestra vida de ego son movidos o vistos en otra luz.

Esta es la mejor explicación que puedo darte de lo que es un milagro: lo que parece común en la vida es dejado de lado para la extraordinaria experiencia de Verdad/Dios. La vida del ego se entrega a la ley espiritual. La ley espiritual es tan poderosa y permanente que su luz brilla en cada rincón oscura de la mente inconsciente. Una vez que se remueve la oscuridad, la luz nos muestra el milagro de la vida. Hemos vivido milagros en nuestra vida. Algunas veces no los reconocemos como milagros por lo que obviamente no agradecemos a la vida por ello. Los milagros muchas veces parecen naturales.... Por supuesto! Son nosotros, simplemente siguiendo la ley espiritual, lo natural. No nos detenemos a reconocer el "buen-Dios" trabajando.

Cómo Funciona la Entrega

Una amiga lo explico de la siguiente manera: Le diagnosticaron retinas sangrantes. Con temor, mientras caminaba a la oficina del especialista, le entro una sensación de paz y se dijo a sí misma, "Si la ceguera es lo que requiero, seré ciega. He visto muchas cosas bellas y maravillosas y esto que he visto nunca lo perderé. A Dios entrego mi vista. Es la voluntad del Padre (causador/creador) que la vida es la fuente de toda la vida." Dos horas después, salió habiendo sido informada que sus ojos y sus retinas estaban en perfecta salud.

La oración y la meditación no son herramientas donde se pide ojos perfectos o hasta la sanación. Cristo dijo 'pides y oras con error.' La oración es sobre gratitud, sobre entregarse a la voluntad de una mente superior, Dios/Verdad. La oración y la meditación son herramientas para que tengas un mejor entendimiento. Un milagro ocurrió. Es importante que entendamos que los milagros y la sanación suceden todos los días. Los creamos por nuestro entendimiento de la ley espiritual y nuestra disposición de dejar de lado las necesidades de nuestro ego y entregarnos como lo hizo Job a la Verdad/Dios siendo la verdad de todo, sin importar lo que diga nuestra vista o percepción.

Si deseas un milagro y tengas la necesidad de sanar, suelta la caja de Verdad/Dios en la cual estas. Aprende el proceso de alinearte con la Verdad y aprende a perdonar. Abraza todo lo que está en tu vida, sin importar la apariencia, porque es toda la Verdad. Hasta la ilusión es Verdad mal percibida.

Todos debemos tomar responsabilidad por nuestra salud, emocional física y también espiritual. Nuestra salud emocional y física son reflexiones directas de nuestro bienestar espiritual. Si no estamos trabajando de la base de Verdad, sabiendo que somos espirituales, empezaremos a sufrir. No preguntamos porque nos enfermamos pero los causantes están en la profundidad de la mente y los juegos fantasiosos tontos que jugamos todos los días. Cuando podemos hacer esto haremos milagros en este mundo.

Capitulo 12 El Milagro de la Entrega

Que Evita que me Entregue?

Notas

"Cuando luchas con tu pareja, estas luchando contigo mismo. Cada falla que ves en ellos toca una debilidad negada en ti mismo."

- Deepak Chopra

Capitulo 13

Relaciones

Siendo Íntimos

Cada asociación es una relación. Entender tus roles en las relaciones pueden llevar a un más profundo entendimiento de nuestra naturaleza espiritual. La mayoría de nuestros deseos para tener una relación es el deseo de la intimidad, un deseo de residir en un lugar sagrado con otro. Todas las relaciones pueden ser íntimas. Esto significa que eres autentico en una relación, no jugando un rol, pero dispuesto a estar emocional y espiritualmente desnudo con otro. Tu estas conectando espíritu-a-espíritu. Esta conexión, desde el cajero en una tienda hasta nuestra pareja es emocional por naturaleza.

Buscamos conexiones emocionales de forma similar a como buscamos comida que contiene las vitaminas y minerales esenciales para nuestra salud. La intimidad (esta relación espiritual) es una necesidad primordial en nuestro sistema. Es quizás más primordial que sexo. Quizás Maslow pasó por alto la importancia de esta intimidad en su jerarquía de necesidades. La necesidad de intimidad debería seguir la necesidad de aire, agua, comida y seguridad. La intimidad es una necesidad de supervivencia en nuestra mente inconsciente. Muchas veces buscamos satisfacer esta necesidad a través de la unión sexual. Si no es a través de sexo, como expresamos intimidad en nuestras vidas diarias? Una vez que hemos tocado el espíritu de otro con nuestro espíritu, la relación se convierte en uno de amor. Quizás no amor romántico, pero amor al fin. Si entendemos eso, entendemos que es de una naturaleza sagrada y divina.

La verdadera intimidad y su condición de sagrado son creadas en un estado de absoluta Verdad/Amor. Todos hemos amado y amamos a muchas personas. El amor es absoluto sin importar el tipo de cariño emocional. Es eterno y es la base misma de toda creación. Nuestro enfoque de amor puede cambiar, pero el amor es eterno. Una vez que reconocemos el hecho de amar a alguien, este amor no se nos puede ser quitado, se mantiene como parte de nuestra psique y consciencia por la eternidad.

La mayor parte de nuestro comportamiento emocional se basa en esta necesidad. Respondemos emocionalmente a las situaciones y a las personas basadas en nuestras necesidades o lo que nuestra mente siente que necesita para sobrevivir. Algunos de estas necesidades son arquetípicos en su naturaleza. O sea, son símbolos, plantados profundamente en nuestra mente inconsciente y universal en su significado. El concepto de amor o el decir 'te amo' existe en todas las culturas del mundo. Tiene significados distintos, por supuesto, y se usa de acuerdo a la ideación social de cada individuo. Tal como el concepto de albergue o habitación es común en el mundo entero, también lo es el concepto de amor. De un punto de vista antropológica, esto significa que el concepto de amor es tan importante como el concepto de albergue. Las necesidades de supervivencia atienden la vida física de un individuo como también su bienestar emocional.

En el momento de nuestro nacimiento comenzamos a crear una intimidad sagrada con nuestra madre y después con los que nos cuidan y aman. Nada le enseña a los padres mas sobre el amor que esos primeros momentos después del nacimiento, viendo la vida que han cuidado y traído al mundo. Que es amor? Una relación emocional parece una definición inadecuada para lo que aparece ser parte de la supervivencia humana. Decir 'te amo' debe significar 'te necesito de alguna manera para mi supervivencia. Necesito no sentirme separado(a). Deseo tener intimidad contigo de alguna forma.'

Sabemos que para la mayoría de las personas, la separación y falta de intimidad por periodos largos de tiempo causa estragos en la vida. Hasta conlleva a que falle nuestro sistema de inmunidad. Sin intimidad, perdemos la conexión con nuestros cuerpos y encontramos difícil mantenernos alertas y en el presente. Decir 'te amo' produce una conexión de intimidad emocional y el reconocimiento de la existencia común en un plano emocional. Es tan necesario como las frutas y los vegetales en nuestra dieta para mantenernos sanos. Decir 'te amo' es decir 'reconozco tu existencia; estoy dispuesto a comunicarme contigo. Estoy dispuesto(a) a dejar que me conozcas.' Cuando les decimos a nuestros niños 'te amo', estamos diciendo 'te conozco, me siento conectado a ti y sé que sientes la conexión y puedes conocerme.' La importancia de estas simples palabras conlleva impactos que no podemos comenzar a describir. Diciendo 'te amo' sana, mejora y produce alegría. No puede ser dicho en demasía, porque la palabra misma 'amor' crea una vibración en nuestro ser que neutraliza el miedo, el odio y la locura.

Cada estado de una relación, especialmente en una relación romántica, es un juego de roles, un juego de atracción. Tratas de ser lo mejor posible en cada área. Asumes que esta persona es quien te hará feliz, te hará sentir especial. A cambio, tú tomaras el rol de quien él o ella quiera que seas. Haces un pacto mental de seguir jugando este rol.

Actuar no puede ser permanente. En algún momento, te relajas, especialmente cuando comienzan a vivir juntos. Cuando los roles cesan lo que queda eres tú y quien eres, sin mascaras y con tu ser insatisfecho.

Has puesto tu verdadero ser en el estante por un tiempo, pero ahora quiere ser, y quiere ser satisfecho. No se conocen. Muchas veces comenzamos una relación estando adictos a la imagen que el otro nos presenta, pero esto no es amor. El amor existe cuando nuestros espíritus se tocan en un lugar sagrado. Este espacio sagrado demanda que no se jueguen a roles ni se usen mascaras. Para entrar a este amor, como amor, dejas de lado todos los roles y aceptas que eres la encarnación de amor.

Si estas buscando a la persona perfecta, nunca la encontraras. El amor no tiene nada que ver con la búsqueda de amor. El amor ya es amor. No necesita manipulación, juego de roles o fingimientos. No necesita nada. Solo lo que tienes que hacer el aceptar amor y dejarlo fluir. Una vez que dos personas sienten que se aman, comienzan las demandas. Las demandas y expectaciones interrumpen el flujo natural de amor. Libera tu ser y a tu ser amado de los roles y demandas de las antiguas creencias y las ideas de la sociedad de lo que debe ser una relación.

Cada uno de nosotros quiere estar con un súper-humano. Los medios de comunicación y las influencias sociales nos agarran tempranamente. Tus referencias personales están basadas en un programa que está diseñado para fallar, pero hay otra opción, una más desafiante, el único que funciona; es el crear una vida junta nueva y espontaneo, basados a la presencia de minuto-a-minuto.

Uno de los clientes a quien aconsejaba estaba usando una tabla visual – un concepto usado por muchos expertos conocidos en mejoramiento personal. Esto es un tipo de visualización muy antigua usados por algunos de los primeros metafísicos. Para mí, esto es absurdo porque la mayoría de las personas que requieren de esto concepto están buscando por fuera de su consciencia. Lo que manifestamos viene de adentro de nuestras consciencias, nuestras maneras de pensar. Usando imágenes de diarios y revistas, esta clienta había recortado fotografías de James Bond, un yate, ropa de diseñadores famosos, accesorios, un Rolls Royce y dinero. Estos recortes estaban pegados a esta tabla, en una muralla de su sala de estar, donde ella visitaba todos los días como un altar, y visualizaba estas cosas para que se materializaran en su vida.

No había nada en esta tabla sobre espiritualidad, nada sobre amor propio, o amor punto. El amor y la verdadera esencia de la vida no puede ser guardado en una tabla o pizarrón, solo se guarda en el corazón y en el alma. Las posesiones mundanas no nos hacen feliz. Las posesiones no pueden llenar el vacío de lo que sentimos cuando no entendemos nuestro propósito y significado.

Alma Gemela

Has puesto tu verdadero ser sobre un estante por un tiempo, pero ahora quiere y necesita ser completado. Buscas la persona perfecta y nunca la encontraras. El amor no tiene nada que ver con amor, amor ya es amor. No requiere manipulación, juego de roles o cambio. No requiere nada.

Todo lo que necesitas en aceptarlo es dejarlo fluir. Para estar en una relación autentica, necesitas crear un estado de lo sagrado, un lugar especifico para esta relación. No hay necesidad de encontrar un alma gemela porque cada relación es una relación de alma gemela. Todos compartimos un alma y la esencia de nuestro ser.

La paradoja de desear intimidad y amor, y temerlo, es el punto donde podemos recordar nuestro ser verdadero. La paradoja en si adormece nuestro ego por el tiempo suficiente para que la consciencia superior – la Verdad, el Dios interno – puede surgir, produciendo un cambio en la mente, una epifanía, literalmente cambiando la consciencia entera. Así, este cambio trae una nueva percepción de intimidad y amor en nuestra vida. Nuestras experiencias reflejaran este cambio de consciencia.

El miedo a estar desnudo (emocionalmente y físicamente) en la presencia de nuestros amantes ('amantes' siendo todos aquellos que nos aman y a quienes amamos sin significar una relación sexual), nace de nuestros sentimientos de culpa de no ser lo suficientemente buenos para la conexión. Tememos que nuestro ser está contaminado de alguna manera, que nuestros pensamientos de aborrecimiento-personal, y sentido de culpabilidad serán revelados al otro. Mal interpretamos el concepto de perfección, pensando con nuestras ideas humanas de perfección es el del Fuente Creador. La humanidad ve la perfección como la rosa sin la espina. La Creación dice soy un todo y completo y la rosa es perfecta con todo y espinas. La perfección de ser no tiene nada que ver con la apariencia personal, madurez emocional o logros espirituales. La perfección trata con el entero, el todo de Verdad/Dios. Verdad/Dios es entero y perfecto, es todo lo que hay y no necesita nada más. Es la perfección. Esto es importante porque cuando buscamos perfección, nos enredamos con nuestras creencias y temores de no ser merecedores.

Somos el efecto del Fuente Creador, como un libro se escribe desde la mente del autor y el pan se hornea del aspecto creativo del panadero. Lo que creamos de nuestros pensamientos es la esencia de la existencia. La esencia del Creador está en su descendencia, sea un libro, pan o humanidad. En esto, compartimos la naturaleza del Fuente Creador: entero, completo y perfecto.

Siendo informados de que somos amados y decir te amo, baja en nivel de hormonas y temores que destruyen nuestros cuerpos y mentes. Decir te amo, dice simplemente, me siento conectado(a) a ti y quiero que me ames y te sientas conectado a mí. La intimidad y el amor son necesidades básicas de supervivencia. Ambos deben estar presentes para que una conexión sagrada ocurra entre dos individuos.

Para ser íntimos con un individuo, idea o Verdad/Dios, debemos crear un espacio sagrado. Toda la intimidad es sagrada.

Capitulo 13   Relaciones

Como Me Desenvuelvo en las Relaciones

Notas

"Hay dos tipos de poder. Uno es el que se obtiene por el miedo al castigo y el otro por los actos de amor. Poder, basado en amor es mil veces más efectivo y permanente que el que se deriva del miedo al castigo."

- Mahatma Gandhi

Capitulo 14

Poder

El poder es extremadamente seductivo. La humanidad tiene la idea que el poder nos mantiene a salvo y que ayuda en nuestra supervivencia básica. Al parecer vemos el poder como una cualidad divina. Mientras más poder tenemos más cercanos Dios creemos que estamos.

El poder en un plano físico de existencia es temporal. La seducción de poder alimenta el ego. Cuando asumimos una actitud de poder divino, perdemos nuestras naturalezas compasivas y empáticas. Actuamos desde un plano temporal haciendo juicios y tomando decisiones que son menos que estelares. El ego te haría creer que todos tus decisiones y juicios son validas. Tú eres, de acuerdo a tu ego, infalible.

El poder temporal es ilusivo y adictivo. El ego es su fuente. Nuestros egos trabajan en un modo de supervivencia. Esto significa que siempre piensa que no sobrevivirá y trata de hacer lo que cree que necesita para sobrevivir. Este tipo de consciencia pone al amor-propio por encima de lo bueno en todas las acciones que un individuo despierto tendrá.

El ego tiene muchas caras y muchas veces es poco detectable. Nuestros egos tienen todo el poder mientras caminamos sonámbulos por la vida. Cuando despertamos a nuestra verdadera identidad y poder, lo vemos claramente. Es como prender una luz en una habitación oscura. Ya no estamos tropezando y chocando con los muebles. El ego domina la mayoría de las vidas. Estar bajo la influencia del ego es cómo manejar por un camino oscuro con las luces apagadas. Da una falsa sensación de importancia, superioridad y pertenencia. En la realidad, es el temor lo que nos hace aferrarnos al ego. El temor a fallar, a ser heridos, a morir y perder nuestra identidad. Algunas personas, hasta en su enfermedad, están bajo la influencia del ego. Es durante la enfermedad que reciben atención de otros que de otra manera no tendrían. Es raro para la mayoría de los humanos vivir la vida sin la influencia del ego.

Poder Autentico

El único poder autentico que tenemos es al estar conscientemente entendiendo nuestras consciencias. Cuando abrasamos nuestra verdadera identidad y espíritu, enormes cantidades de poder, inconmensurable luz y esplendor son liberados. Conociendo nuestra verdadera identidad, entendiendo que somos de espíritu y liberándonos de falsas creencias nos libera de la noche oscura y el dolor de la separación.

El autentico poder pasa solamente a aquellos que han despertado a la Verdad. Tú conoces estas personas, son los que logran milagros, los compasivos y los que crean una mejor vida para todos. El autentico poder no busca poder ni fama, ni es avaro. Esta cuando se necesita; es de una fuente divina.

Cuando te das cuenta de que el ego es una identidad ilusoria, se disuelve rápidamente. El poder autentico es el poder que no requiere ser alimentador por el ego. Este poder de la divina fuente ya es parte de nosotros. Es la semilla original que tu y yo tenemos en nuestra huella de ADN. Es nuestro derecho heredado de usar este poder divino, pero no puede ser manifestado hasta que soltemos nuestra falsa identidad. Tu verdadera identidad no es algo que debes buscar. Como Verdad/Dios está siempre presente. Busca dentro de ti porque nada existe fuera de tu consciencia.

Te preguntaras "Que necesito pensar para obtenerlo?" La respuesta es, "Por el contrario, no necesitas pensar." Ya existes, verdad? Esto en si te dice que si existes – debes venir de algo. Este algo es el Creador de la vida. Tu eres parte de Él, eres lo que te creo, y tienes lo que El tiene. Ya eres esto. No hay nada que pensar; nada que decir; nada que hacer. Todo lo que es, es ser. Abraza a la humanidad como tus hermanos y hermanas de espíritu.

Una persona que tiene autentico poder es un maestro y líder a los que lo rodean. Al tener autentico poder, un individuo salvaguarda la vida y la felicidad de todos. Nos muestran las formas de amor para que todos vean. Entienden y hablan la verdad. Son compasivos y empáticos en sus acciones y pensar. Conscientemente buscan hacer sus vidas (y las vidas de quienes tocan) pacíficos, bellos y felices. Muestran respeto por toda la existencia. Los que llaman a la fuente divina y usan el autentico poder para asegurarse que cada proyecto es en servicio del amor. Las acciones que toman hacen que la energía espiritual sea una fuerza que puede ser usado por todos y para el mejoramiento de la humanidad.

"Nuestra intención crea nuestra realidad."

- Wayne Dyer

Capitulo 15

Creando Tu Propia Realidad

Que pretendes hacer con toda la información y experiencias que has acumulado y llevas? Aun estás viviendo las viejas experiencias? Estas repitiendo patrones? Déjame decirte que después de todo lo que has experimentado, y lo que está en tu memoria puede ser usado en una de dos formas. Una forma es que puedes elegir ser perezoso y seguir repitiendo las mismas experiencias, sin creatividad, invocación, avances y novedades. Puedes quedarte en la ilusión, o puedes elegir la otra forma: crear una vida nunca-antes-experimentado y tu propia realidad.

Realidad Hipnótica

Cada uno de nosotros ha escrito un contrato con nuestra idea de realidad. Cada día nuestro contrato se manifiesta en nuestra vida. El problema con estos contratos es que no fueron escritos con realidad pero con fantasía, ilusión y creencias de lo que es la realidad es. La actualidad es lo que entendemos de nuestras creencias, es la experiencia que vivimos a diario. Vemos, sentimos, escuchamos y hablamos nuestras creencias en todo momento. Solo cuando nos mantenemos presentes en el momento de AHORA, es cuando suspendemos nuestras creencias y realidad de fantasía.

Solo porque algo aparece en nuestra memoria no lo hace verdadero. Creemos que el cielo es azul, el pasto verde, una muralla solidad y que el tiempo existe. De hecho todas estas son creencias. Son creencias sobre creencias, pero aun así son creencias e ilusiones. En cualquier momento podemos estar de acuerdo en cambiar nuestras creencias. Los hipnotistas han demostrado esto en el escenario. Implantan la creencia en la mente del sujeto y el sujeto actuara correspondientemente.

Nuestras experiencias y acciones están basadas en un conjunto de creencias. Nuestro sistema de creencias es hipnótico, lleno de miedos, ansiedades, fantasías, ilusiones, sufrimiento y dolor. Cada vez que te mantienes en el presente, entendiendo tu verdadera identidad, pasas a través de este estado hipnótico. Los seres humanos tenemos un maravilloso sentido de nuestro ser sensual. Usamos todos nuestros sentidos para placer y dolor. La influencia de los sentidos es tan grande que nos permite ser envueltos e hipnotizados por lo que aparentemente nos muestran. Como un espejismo en el desierto, vemos agua y oasis donde ninguno existe.

No haces una elección consciente de cómo nos identificaremos. Al ser niños, comienza el largo proceso. Somos, al mismo tiempo, traviesos, buenos, estudiantes, hijos(as) de nuestros padres, Las etiquetas continúan. De estas etiquetas creamos nuestra identidad. Aceptamos estas etiquetas como una definición de nuestra identidad. Y, con estas etiquetas vienen formas de comportamiento asociadas. Al alimentar a estos comportamientos, lentamente firmamos contratos con lo que define nuestra experiencia.

Hemos firmado un contrato con un estado de realidad de sueños. Creemos que somos las etiquetas y las etiquetas se convierten en nuestra identidad.

Tu existencia no viene por partes, sino en un todo, usando muchas características de tu manifestación y expresión. Esto significa, que aunque una etiqueta fuera de verdad, aun no serias tú. Nuestro ser se mantiene completo y no está dividida en partes ni pedazos. Cuando tú dices YO SOY, estás diciendo YO SOY YO y existes en el momento de AHORA porque es el único momento, es infinito. Siendo infinito es todo y completo. La experiencia de la identidad total y la realidad no pueden ser racionalizadas. No puede ser intelectualizado. Solo puedes experimentarlo para entenderlo. Cuando experimentas lo infinito de tu identidad, has experimentado el alfa y omega de ser.

Estas en este momento comenzando a re-escribir tu contrato con la realidad. Respira lentamente, entrando en conocimiento de este entendimiento nuevo de tu ser. Quédate centrado en este momento. Examina las etiquetas que has aceptado como tu realidad. Porqué no dejarlos fuera de la habitación por un momento y experimentar tu ser sin estar trabajando con algo más que el ser infinito, entendiéndose como consciencia. Mientras exhalas, suelta todas las etiquetas que ya no requieres. Lo que ya no se necesita es entregado a la nada de donde vino, como 2+2=5 se disipa cuando entendemos que 2+2=4.

Al terminar, te sentirás más alto(a), más liviano(a), claro(a) y deliciosamente enterado de la vida y todo lo que te rodea. En este momento de AHORA conocerás tu verdadera identidad y realidad. Puedes, en este mismo momento, re-escribir tu contrato con la realidad al identificarte como YO SOY YO, o de la consciencia entendiéndose como consciencia.

Soltando los Sueños

Nuestro estado de sueño experimentado se base en una serie de patrones y símbolos construidos de las creencias que mantenemos. Los patrones son esas ideas y conceptos que se repiten en nuestra consciencia. Tenemos patrones de comportamiento, entendimiento y sueños. Los patrones tienen pre-patrones, que muchas veces nos alertan a los patrones que vienen. Dentro los secretos de los patrones, encontramos las piezas del rompecabezas que son nuestras vidas. Entendiendo los patrones en nuestras vidas nos ayuda a entender cuando estamos en un estado de sueño. Donde ves un patrón, encontraras un estado de sueño y una ilusión de existencia. La vida parece un estado de sueño muy real.

Parte del contrato que hemos escrito con nuestras creencias e inconsciente existe en estos patrones dentro del sueño.

Para re-escribir tu contrato con la realidad, debes comenzar a ver estos patrones y sus conexiones. Debes ver como los símbolos se expresan. Para hacer esto, quédate en el momento presente. Cuando te quedas en el presente en el AHORA te vuelves lucido(a). En un estado lucido, puedes observar como el estado de sueño se desarrolla de una manera objetiva. Los patrones se revelan a sí mismos cuando estas lucido(a). Cuando te mantienes lucido(a) en el AHORA empezaras a estar consciente de la consciencia. En este momento único eterno, puedes liberarte de los patrones, símbolos y antigua identidad. Te liberas a ti mismo(a) de los patrones viejos de tu actual estado de consciencia lucido. En este momento entiendes que siempre has estado consciente de tu consciencia. En este momento de liberación, el esplendor de lo que siempre has sido se mostrara.

A medida que inhales, atrae la luz y la lucidez a tu ser. A medida que te quedes en el presente, toma nota de los patrones en tu vida. Reconoce los patrones limitantes de comportamiento e identidad. A medida que exhales, deja que estos estados de sueño se disipen y dejen tu ser.

Suelta cada uno que se revela a ti. Suéltalo sabiendo que tu eres entendimiento, consciencia, YO SOY YO. Es en este estado de entendimiento lucido que puedes re-escribir tu contrato con la realidad.

Fabricando Nuevos Símbolos

Las palabras, sueños y la vida son todos simbólicos. Las palabras no tienen más significado del que le damos. Pasa lo mismo con los sueños. Su importancia esta solo en nuestro pensamiento. Su importancia esta solo en nuestro pensamiento. Una ilusión no tiene más significado que el significado asignado por ti. Antes de que le diéramos importancia a una palabra, no era más que un sonido; aire pasando a través de nuestra laringe y saliendo por nuestra boca. Por ejemplo, la palabra verde significa verde, no porque la palabra en si significa verde, pero porque estamos de acuerdo que este sonido en particular significa verde.

Los significados, la experiencia y los sueños están todos guardados como símbolos en nuestra memoria. Cuando te quedas en el presente y el estado de ser AHORA, los significados de los símbolos son automáticamente removidos de tu consciencia. Puedes liberar los símbolos de miedo y agresión, puedes dejar ir los símbolos de dolor, pena y culpabilidad. Haces esto simplemente al quedarte en el presente, reconociendo tu verdadera identidad como entendimiento y consciencia. A medida que te quedes en el presente, en el momento de AHORA reconocerás en cualquier momento que pudiste haber soltado los símbolos del pasado. En este momento el pasado es solo un sueño de la realidad de este momento, es el único tiempo que tenemos. Mientras más te quedes en el presente en este momento, más tiempo pasas re-escribiendo tus contratos. Como despertar de un sueño, mientras más despierto(a) estés mas desaparece el sueño y la realidad del momento se convierte en la realidad.

En tus meditaciones y momentos de contemplación, identifica estos símbolos del pasado que ya no te sirven. Déjalos ir a medida que exhales e inhala el ahora como YO SOY YO. El sueño se disipa y la realidad del momento se convierte en la realidad.

Cumpliendo las Promesas

Es fácil quedar atrapado en el estado de sueño. La fantasía es muy adictiva. La fantasía ofrece una promesa, pero la promesa es como un oasis, solo otro espejismo. Volverse lucido te lleva una un entendimiento más profundo de la consciencia de la realidad, te liberas de la adicción de ilusión y se forma una nueva realidad. Podrías decir que has vuelto a la realidad que siempre fue.

Muchas veces en nuestra vida, hacemos contratos con otros. Una de las características de un contrato es que prometiste un cierto comportamiento o hecho para una recompensa o beneficio de algún tipo. La mayor parte del tiempo, no estamos conscientes del tipo de contrato que hacemos. Se ve bien, parece ser correcto y siempre parece ser lo que deseamos. Los contratos que se escriben en un estado de sueño son ilusiones. No importa lo que prometan, no son nada más que un dejo de la imaginación, una ilusión. El único contrato real es el contrato que hacemos al aceptar este momento. Al aceptar este momento, que es así, has hecho un contrato con la realidad. Has hecho un contrato contigo mismo como el causante de tu consciencia. La única promesa real que cualquiera de nosotros tenemos es que somos consciencias enterados de la consciencia. Exhala lentamente la ilusión e inhala la promesa de consciencia. Deja ir el contrato del estado de sueño a medida que re-escribes tu realidad como conscientemente entendiendo la consciencia en sí mismo. Ya no eres consciente de las cosas y los sueños, pero más bien consciencia entendiendo como consciencia.

Nuestra Creación

Elige o no creer que cosas que piensas sobre Eso. No son Eso! Alégrate del proceso de creación. Se imaginativo(a) y audaz en tu corazón y mente. Deja que tus pensamientos se libren de los peligrosos "debería," "podría," y "haría." Revela y rebela. No permitas que cosas negativas guíen tus pensamientos. Una vez que has comenzado a pensar por ti mismo(a), el proceso se hará más fácil. Después de todo llevas una vida de mal información. Es tu absoluta prerrogativa pensar lo que deseas. Posiciónate con firmeza detrás del manubrio y piensa automáticamente. Es tu camino, tu realidad y tu vida. Puedes hacer lo que sea que deseas absolutamente.

Capitulo 15 — Creando Tu Propia Realidad

Mis Realidades que Manifiestan

Notas

"Solo sé de una libertad y esa es la libertad de mente."

- Antoine De Saint-Exupery

Capitulo 16
Responsabilidad es Libertad

Aprecia la habilidad que tienes de manejar cualquier reto que puedas tener en el camino de tu vida. Eres totalmente capaz. No tienes que esperar instrucción o asistencia de otros o pedir permiso para vivir tu sueños. Muchos de nosotros aprendimos de niños hacer lo que nos decían y esperar a pedir permiso antes de continuar. Entramos a la escuela, que nos enseñó la manera que vemos la realización. Graduamos de un nivel al siguiente esperando aprobación antes de seguir hacia adelante. Hemos aprendido a superarnos dentro de un contexto similar, en una carrera donde nuestras tareas nos son dictadas.

Esperando permiso y guía de otros puede ser un hábito familiar. Tú sostienes la brocha que pintara la obra de tu vida. Puedes buscar consejo o asistencia de tus amigos y familia pero tú eres el único que puede buscar los colores perfectos para pintar la obra de tu vida. Tanto como quieran los demás, no son capaces de vivir tu vida por ti. No culpes a otros en tu vida por tus fracasos. Esto te quita poder. Nadie está tomando ventaja de ti – están tan enfocados con las oportunidades que la vida les presenta a ellos para completar su propio camino. Tú debes hacer lo mismo.

Encontrando falla con circunstancias, otras personas o cualquier otra cosa es solo una forma de evitar responsabilidad y pasar por alto el trabajo que debes cumplir. Una vez que te das cuenta que la responsabilidad es una bendición no una carga, de inmediato tienes acceso a un mundo completamente nuevo. Aceptando responsabilidad por todo lo que pasa en tu vida, ahora eres libre de elegir cualquier vida que deseas. Pinta tu obra de cualquier forma. Salpícalo con colores que te traen alegría. No tengas miedo de cometer errores.

Somos consciencia/Verdad y una manifestación del Fuente Creador. Somos más que la naturaleza o lo que nos aparezca a través de nuestros sentidos. Viviendo en un estado de consciencia elegida estamos en conocimiento del bien y del mal. Podemos destruir en odio y venganzas o podemos inventar y crear en gran harmonía y amor absoluto. En nuestra humanidad hay una libertad de fuerzas inventivas y creativas.

No hay libertad en la esencia de nuestro ser. No podemos elegir *no* ser conscientes, la Verdad es la manifestación del Fuente Creador. Sin embargo, dentro de nuestra humanidad hay una libertad de creatividad e inventiva. En esto, energía y consciencia que podemos usar para crear ideas, harmoniosas, bellas y con amor, o podemos inventar y crear ideas que serán usadas para la destrucción y la tiranía. Somos libres para elegir el intento con la cual usamos nuestra creatividad e intención. Podemos elegir nuestra intención y como expresamos nuestra libertad. Podemos ir más allá del ego llevado por temor y agresión para elegir vivir como consciencia.

Ninguna ley, ni fuerza tirana puede dictar tu moralidad e intención. Moral o inmoral, ético o equivocado, bueno y malo. Estos son todos conceptos interiores que descubre una persona con consciencia. Las circunstancias y los gobiernos no pueden ni quitarlo ni darlo. La libertad de intención es inherente dentro del centro de nuestra humanidad.

Tu propósito, pasión y deseos nunca pueden ser arrancados de ti. Tu supervivencia no depende de la avaricia ni destrucción del bienestar de otro sino en tu intención y descubrimiento de la libertad sin límites en la consciencia.

La paradoja presentado por la libertad es que no tenemos más libertad que la consciencia en la expresión de la naturaleza de la realidad pero aun así tenemos todos la libertad de elegir. Dentro de la paradoja de libertad/no libertad está la respuesta de toda vida.

El Secreto de la Libertad

Con la individualidad, creas independencia y auto-dependencia al tomar la responsabilidad por tus acciones y sus consecuencias. Para ser libre debes tener el poder de decidir las cosas por ti mismo, tomar responsabilidad por tu vida, tus acciones y tus decisiones. No puedes darle esa responsabilidad a otro y ser libre. Debes tener la libertad y el poder para elegir tu propio camino y no tenerlo decidido por otros que pueden pensar que saben que es mejor para la sociedad, pero no necesariamente que es lo mejor para ti.

Solo tú sabes lo que es mejor para ti dentro de ti mismo! Por ello, tienes el poder de ser lo mejor que puedes ser. El poder autentico es ser capaz de llenar tus propios sueños y deseos para hoy y el futuro. El secreto de la libertad es conocer tu espíritu interior y sus deseos. La libertad es una actitud y la disposición de ser responsable por tus acciones e inacciones.

La Búsqueda de la Libertad

Ha sido mi experiencia que la libertad y la necesidad de libertad pasan en la vida de todos en la medida que logren un cierto nivel de supervivencia y capacidad en sus actividades del día-a-día. Inherente en el espíritu humano está la necesidad de rechazar las reglas y los reguladores, de rebelar contra las amarras impuestas por figuras de autoridad, la sociedad y los límites de su propia naturaleza. Esta necesidad no es una aberración ni va en contra de la naturaleza humana en su lealtad intrínseca desde y hacia ideales superiores. Cada uno de nosotros conlleva una sensación de un nuestro ser superior, que es absolutamente libre de toda limitación y definición, en esto poseemos el deseo – y potencial – para una existencia absolutamente libre y sin ataduras. Solo, como seres libres, ha realizado la humanidad sus más altos potenciales en la ciencia, el arte y la búsqueda de entender y conocernos nosotros mismos. Toda libertad comienza con un deseo interior. Sin importar nuestras circunstancias, nacionalidad, o educación, debemos mirar hacia nuestro interior para liberarnos. Confía en el potencial sin límites que tienes para ser creativo y feliz. Comparte con otros en confianza. Ten confianza.

Entendimiento Extraordinario

Sabemos que para llegar a un estado superior de Fuente Dios VERDAD, debemos primero entender la existencia. De lo que se trata la naturaleza de la realidad – Verdad – es siempre así, siempre allí. Por lo que la primeras preguntas que se me ocurren son: Porque no estamos participando en esta Verdad como Verdad? Que nos impide experimentar esto?

Que impide nuestra experiencia? Hay muchas cosas que por supuesto nos bloquean de la experiencia de Verdad y Dios. Bloques personales de curso que residen en nosotros como deseos y temores creados por el hombre. Pero, más allá de eso también existen otros bloques, que vienen de un mal entendimiento de los principios básicos. Para entender que son estos bloques, debemos comenzar por cómo llegamos a esta fuente, este estado de existencia.

Enseñamos Verdad por pensamiento y entendimiento extraordinario. Lo que es ordinario no puede entender la existencia de Verdad y todo lo que es. Debemos buscar más allá de nuestros egos y temores por algo mucho más grande. La Verdad se encuentra dentro de nuestro extraordinario sentido de ser. Cuando buscamos algo que esta más allá de nuestra crisálida, buscando algo más grande de lo que entendemos nos encontramos con la idea de confianza.

En el acto de confianza lógica, el auto atraviesa la luz roja del semáforo, buscamos los hechos y la información que nos diga como pasó esto. Fallaron los frenos? Había algún otro factor mitigante? Lógicamente, es donde tienes acceso a las probabilidades de ganancia y perdida, calculando la utilidad esperada basado en la información de comportamiento, y concluyendo que la persona en cuestión se comportara de una manera predecible.

Pero que pasa con la confianza emocional? Que tanto sabemos de él y que parte juega en que lleguemos a Dios? A la Verdad? En la práctica, la confianza es un poco de ambos. Yo confió en ti porque he experimentado tu fiabilidad y porque tengo fe en la naturaleza humana. Como puedo confiar en que el camino donde estoy ahora es el camino correcto? Como se que sobreviviré? Como confió en Dios, Verdad lo suficiente para entregarme? Tendré la confianza suficiente para entregar mi ego y voluntad? Podre confiar lo suficiente en mi entrega para experimentar la totalidad de la Verdad?

Ninguna de estas preguntas es fácil de contestar ni tampoco son contestadas rápidamente. Confiar en la relación con Dios y con la Verdad es un acto emocional. No hay nada lógico sobre la experiencia de Dios y Verdad. No hay hechos que puedes coleccionar sobre la confiabilidad de la Verdad a menos que tengas una experiencia. Así que, como confías en la Verdad? En Dios?

Sentado(a) tranquilamente, exhala los pensamientos ordinarios sobre confianza y traición. Inhala la consciencia del causante primario, las consciencia, la manifestación infinita sin forma. Exhala la resistencia del ego, para entregarte a la Verdad, el espíritu y Dios. Inhala la consciencia de confianza y sabiduría. Haz esto hasta que te sientas cómodo(a) con la idea de entregar tu ego. La mente del ego se aquietara. Dios, Consciencia y Verdad son una experiencia, que pasa de los pensamientos ordinarios al entendimiento extraordinario de la realidad de la naturaleza.

La Voluntad del Ego

La lógica, el intelecto o las emociones no te pueden guiar al lugar de paz y sabiduría y la experiencia de Dios y Verdad. Llegas allí entregando tu voluntad y ego. Esto toma confianza en ti mismo(a). Confianza que puede resistir el bombardeo y la persistencia del ego. El ego dice cosas como 'claro, *esto* va a funcionar' y tu voluntad edifica una muralla. Tú dices 'no, no yo, no esta vez.' Nos cansamos de tratar con nuestro ego y voluntad.

La energía de la Verdad y Dios es tan grande que la polaridad del ego y la voluntad comienzan a tirar fuerte de nuestro estado emocional y mental. Los temores que experimentamos son en directa proporción al amor disponible como Dios y Verdad. La oscuridad que sentimos antes de una revelación es proporcional a la luz de entendimiento disponible para nosotros, el silencio iguala los susurros de Dios disponibles para nosotros. Pero, nada de esto tiene sentido en el estado de pensamiento del hombre, nada de eso satisface la voluntad y el ego. En un acto de entrega del ego y la voluntad, encontramos confianza. Aprendemos que la confianza es un estado de aceptación de nuestra divina naturaleza y un acto de experiencia extraordinario de nosotros mismos. Ya no estamos a la deriva en un universo sin amigos, pero un miembro de un gran coro, cantando hosanna a la presencia de la Verdad y nada más. La Verdad nos enseña que la Verdad es todo lo que hay, sin alfa y omega. Dios creó a todo lo que hay. Si la Verdad es todo lo que hay como puede haber algo por fuera de Dios? Todo lo demás es fantasía, ilusión y juegos de marionetas armados por nuestros egos y voluntad.

La confianza aparece cuando entregamos nuestros pensamientos de la vida diaria por la experiencia extraordinaria de confiar que la Verdad es todo lo que hay.

Riesgo

La confianza es la actitud que tomamos hacia otros o hacia una idea. La confianza es un componente primordial a relaciones que tienen significado y propósito en nuestras vidas. Las dos partes deben confiar. Pero si estás hablando de una relación con Verdad, Dios y consciencia como sabes que el otro es de confiar? La Verdad viene con cierto riesgo y puede ser peligroso. Siempre hay el riesgo de traición de confianza y la pérdida de auto-respeto. En las relaciones humanas aprendemos a confiar, debemos cultivar la actitud necesaria para que ocurra.

Porque confianza involucra riesgo, también es peligroso. Otros pueden elegir actuar siendo dignos de confianza o no. Al poner nuestra confianza en otros nos arriesgamos a perder lo que confiamos en el otro, incluyendo nuestro propio respeto.

El paradigma dominante de la confianza es interpersonal. Es una idea humana, una forma humana de tratar con energía primordial como Dios, Consciencia y Verdad. Verdad o conceptos axiomáticos, principios naturales y universales no presentan emoción. Pero para formar una relación intima y de confianza debemos edificar una actitud, que confía sin otra evidencia que la consistencia y los principios o conceptos irrefutables. Las relaciones que formamos es humana en naturaleza pero axiomática en acción. El riesgo y peligro para nosotros es que podemos confiar en algo que no entregará lo mismo. Confiar en la mente divina, Dios, Verdad y Consciencia no es un acto humano, no importa como aparece, es un acto de entendimiento consciente de la energía primordial de vida. Confianza es una entrega intencional de nuestro intelecto y razón, a algo que es más grande e indefinible. El ego causa el temor que lo que no puede ser conocido por el intelecto. Confianza es un acto de consciencia.

Vulnerabilidad

En un acto de confianza, debes estar dispuesto a ser vulnerable a las acciones (de persona, Verdad, Dios, consciencia). Existe una expectación tácita que los actos cometidos serán importantes a la persona que esta confiando. Esta confianza se da sin importar la habilidad de controlar el resultado o de monitorear la situación.

Para crear una situación de cualquier tipo, con Verdad, Dios, Consciencia, con otra persona requiere tener confianza. La confianza de las relaciones es la esperanza de las personas confíen en tu palabra. Es edificado a través de la integridad y la consistencia. Si tú vas a confiar en la Verdad, Dios y la Consciencia entonces debes entender los principios axiomáticos involucrados.

Los principios naturales o universales siempre son consistentes. Están presentes en forma pareja a través del Universo.

Llegar a ser vulnerables al entregarnos a la verdad en un acto de confianza toma una cierta cantidad de valor. En algunos casos, es como saltar al vacío en lo que se llama fe ciega. Sentimos que al controlar nuestra voluntad estamos a salvo. Le tememos a la traición que es el rompimiento de la confianza.

Para ser vulnerables a la Verdad, Dios, y Consciencia debemos estar dispuestos a estar influenciados. Esto es que cuando entregamos nuestra voluntad y nos ponemos vulnerables estamos abiertos a la influencia y poder de una fuente superior, Verdad, Dios y Consciencia. Cuando estamos practicando consciencia intencional, estamos practicando actos de entrega, entregando nuestra voluntad y ego a algo mucho más grande. Para tener confianza debemos dejar de lado nuestros temores y falta de auto-confianza para tener una idea más grande, la Verdad. La Verdad no es lógica de una forma humana de pensamiento. No es útil ni seguro. El pensamiento humano busca control, pero al confiar en una fuente superior Verdad y Dios, debes pasar al abismo, al círculo de fuego, debes saltar a la sanidad. Debes ser vulnerable a Dios, Verdad y consciencia en el salto.

Empatía Reflexiva

Empatía es una destreza-actitud apreciado, necesaria para tener confianza en las relaciones humanas. Nos ayuda a entender el porqué y como otros están reaccionando a las situaciones y agrega información a nuestra acumulación de información y nuestras decisiones. Nuestra vida diaria refleja nuestra consciencia. Actitudes, hábitos y creencias juegan parte en nuestras relaciones. Esto incluye nuestras relaciones con Consciencia, Verdad y Dios.

El aspecto reflexivo de la vida nos permite tener una mirada a la consciencia mas allá de lo que nuestro ego quisiera que viéramos. Nuestra habilidad de confiar los unos en los otros está directamente relacionada a nuestra percepción de integridad y consistencia de otros. Esto es lo mismo al confiar en Dios, Verdad y Consciencia. Si nuestra percepción es uno donde vemos la consistencia del universo y las leyes naturales en la Consciencia, Verdad y Dios seremos capaces de confiar en un acto de entregar nuestra voluntad-ego.

A medida que aprendemos a observar con empatía como se desenvuelve la vida que nos rodea, estamos practicando una habilidad que necesitamos para poder confiar en otros y en nosotros mismos. Es importante cultivar habilidades como empatía, el escuchar y mantenernos presentes para construir confianza en todas las relaciones.

Elecciones

Si entendemos cómo funciona la mente y como nuestra vida se refleja del subconsciente, nos damos cuenta que la libertad es en verdad un grado. Nadie es enteramente objetivo y libre de las creencias impuestas por la sociedad, la familia y nuestras culturas. Estos están profundamente arraigados en nosotros y aun el más persistente solo logra las metas por grados. Nunca es 100% caliente o frio.

En cada paso que tomamos para cortar el cordón de una creencia estamos tanto más libres y capaces de ejercitar nuestra verdadera voluntad y elección. Abraham Maslow dice, en su Jerarquía de Necesidades que primero debemos llenar nuestras necesidades de supervivencia, comida, agua, aire y seguridad antes de movernos hacia adelante para determinar nuestro curso de acciones basados en las necesidades intelectuales y espirituales.

Somos en nuestra esencia humanos. Ninguna manera de negación u oración nos librarán de ciertas necesidades y empujes. Podemos tomar conocimiento, entendimiento y elecciones en forma consciente. Podemos ejercitar nuestras elecciones éticas y morales basados en la libertad y el bien espiritual que nos beneficia a todos. Aun estamos ensillados con las creencias, empujes y miedos inconscientes que nos influencian, sin importar que tan sutiles sean. Somos subjetivos por naturaleza. Nada nos puede hacer meramente objetivos y libres de las ataduras de nuestras creencias e inculcaciones culturales. Es todo sobre grados.

Es esta subjetividad de la humanidad que eventualmente nos lleva a comprender el concepto ontológico de la divinidad dentro de cada fuerza vital. Quizás es el Dios de Abraham en la Biblia o Buddha, pero todos tenemos esta consciencia suprema, pura, sin alterar. Entendemos esto en nuestra humanidad. Elegimos ser libres, no porque nuestro gobierno nos permite serlo pero porque esta supra consciencia presiona para que sea revelado y comprendido.

Esta presión para desenvolver, para alcanzar más allá, para ser conocido, es la fuerza que nos mueve hacia adelante en nuestra vida para conocer la vida en forma diferente y entender el propósito de entender ideas como libertad, elección y libre albedrio. Al grado en que estamos en conocimiento de esta fuerza interior será al grado que estamos dispuestos a buscar abiertamente lo que es el espíritu de ser. Las elecciones no son elecciones si no te conoces lo suficiente para saber porque eliges tus parejas, comida, carrera y otras áreas significantes en tu vida. Aun entonces, los paradigmas de la mente subconsciente forman la estructura de tus elecciones de maneras que no entendemos y ni siquiera notamos. Elegir libremente es entender porque estas eligiendo y para entender las consecuencias la elección.

La libertad no puede ser dada ni quitada. No es un asunto de leyes o de gobiernos. Es de cómo vemos la vida. Aun en la prisión más oscura, tenemos la libertad de pensamiento y crecimiento espiritual. La Libertad, sin importar que tan confinados sean nuestras circunstancias, es un asunto de la aceptación de la idea de que nuestras vidas no están limitadas por nuestros sentidos ni nuestras creencias. Los dictadores y el liderazgo supremo surgen de nuestros temores y nuestras necesidades de seguridad/ supervivencia. Una vez que entendemos que la libertad es tanto una elección interior como lo es el sabor de nuestro helado favorito, entonces seremos libres para existir de nuevas maneras.

Estar consciente es sobre sentir el ser interior y explorar la libertad. Hacer elecciones que son constructivos en vez de destructivos. Para tener intención de libertad y elección es hacer una elección consciente de romper las ataduras que te mantienen encadenados a ideas, creencias y programación cultural, lo que limita tu misma existencia y experiencia.

~~~

Soy Libre?

Notas

"Persistiendo en tu camino, aun que entregas un poco, ganas mucho"

- Ralph Waldo Emerson

Capitulo 17
Destino

Fortaleza, determinación, diligencia y persistencia son palabras aplicables a los que trabajan el limite. Han aprendido que siempre hay una solución al dilema o problema delante de ellos. Son exitosos siendo tenaces y persistentes hasta que se resuelva el problema.

Nuestra persistencia debe ir más allá de solo resolver los problemas. Debemos ser persistentes en como trabajamos sobre nuestro destino y propósito. Los que son exitosos saben que darla la oportunidad a una idea no es suficiente. Frecuentemente toma muchas veces intentando algo para que funcione. En enfoque repetitivo a un proyecto y la habilidad tenaz de seguir es lo que hace el éxito. Como la historia del conejo y la tortuga, la persistencia de la tortuga le permitió ganar la carrera. Nuestra persistencia ganará nuestra carrera personal también. Abraza a tu destino y propósito, se persistente y mantente tenazmente a tus metas. Encuentra alegría en cada nueva pieza que encuentras en tu rompecabezas.

Cada momento de cada día es el único momento en el tiempo y tu concentración persistente en el momento te llevara más cada vez más cerca de lograr el destino que has elegido. Si sientes que te falta tenacidad o persistencia, asume el atributo. Copia a alguien que tiene ese atributo. Tu futuro es tuyo para tomar. Haz que este día sea el día que comiences el viaje. Todo lo que se requiere será presentado a ti en el camino que elijas. Mantente alerta a la oportunidad, mantente pendiente del movimiento a tu alrededor y ten la fortaleza para que lo que busques este en el camino que transitas.

Destino y Creencia

Debes saber que la vida tiene algunos momentos verdaderamente mágicos para ti. Son estos los momentos cuando ves que tus creencias vienen a la vida. Como un niño, tu naturaleza inquisitiva ha descubierto muchas cosas. Cuando entiendes y comienzas a creer, cualquier cosa es posible y muchas cosas pasaran alrededor de ti. Estos momentos son los momentos que yo llamo 'Aha!' o 'Eureka!' (Literalmente: 'Lo he encontrado'). Es cuando los patrones de creencias y nuestros propósitos son claros para nosotros, tan mágicos que no sabemos por qué no lo hemos visto de esta manera antes.

Nuestras creencias forman nuestro destino. Si creemos que podemos, hacemos lo que creemos. Esto es lo que llevamos a cabo en nuestro viaje a nuestro propósito. La investigación nos muestra que si los niños son amados e inteligentes se desarrollaran bien en el colegio y en la vida. Si creen que nadie los ama y que son tontos fallaran una y otra vez en las actividades más simples.

De hecho, sabemos que aun la creencia del profesor afecta como los estudiantes aprenderán y actuarán en clase. Cuáles son tus creencias? Si tus metas y destino no parecen ser claros, quizás las creencias que tienes, el dialogo interior es la que recibiste de tus padres, profesores y amantes. Que piensas sobre ti mismo(a)? Que piensas sobre tu propósito? Que piensas sobre tu destino?

Cada persona tiene momentos especiales, aunque algunas veces pueden parecer elusivos. Tómalos y sostenlos. La próxima vez que te deprimas, pensando en tu ser y tus habilidades, recuerda esa sensación mágica de estar en la cima, porque es esta creencia que te lleva a la cima una vez por todas. Tu destino, tu propósito esta a la vuelta de la esquina, agarra cada pedazo de él cuando lo ves.

Pase Para Salir Libre del Infierno

El paraíso y el infierno existen. El paraíso es donde sientes paz, alegría y amor. El infierno existe cuando sientes juicios, temores y resentimientos. Cada uno de estos está disponible para ti en cualquier momento. Tu entrada a uno de estos estados es un asunto de elección personal. Puedes elegir cualquier momento-en-el-tiempo donde deseas residir. La mayoría de nosotros tenemos una reacción de desagrado cuando una persona molestosa nos habla. Inmediatamente vamos a un grado u otro de infierno, dependiendo de nuestros sentimientos hacia esa persona. Si has aprendido a auto-observarte, puedes pasar por encima de estas reacciones, aquietando tu mente y tomando la decisión de no alterarte. Este estado de desprendimiento viene con la práctica, eventualmente puedes evitar la reacción antes de que comience. En tu pensamiento te das cuenta de que la reacción no vale el alterar tu sensación de paz y alegría.

Hay un factor en la realidad física, pero tú eres el que le da significado y propósito a eso. Puedes volverlo a un infierno o en términos de paz y alegría. Puedes residir en amor absoluto como vehículo de amor o puedes tomar tener paranoia y miedo y vivir en el infierno.

El reto del estudio espiritual es de poder encontrar la realidad espiritual en nuestra realidad física. A medida que despiertas de tu desnudez (libre de roles de la consciencia) encontrarás que eres libre de juicios y deseos avaros. Esta consciencia desnuda debe reconciliarse con los términos de experiencias, memorias y el mundo físico en el que vivimos. Podemos estar llenos de hoyos molecularmente pero un ladrillo aun nos romperá el dedo del pie si cae sobre él.

Para mí, parte de la alegría del paraíso es tener relaciones productivas. Y con esto quiero decir relaciones que son harmoniosos y llenadores. Es importante no ponernos demasiado ausentes con todo lo que hemos hablado. La buena comunicación con otros ayuda a fijar nuestra consciencia en un lugar donde estamos libres del vacío existencial. Ser libres del vacío existencial significa que ya no estamos vacios en lo propósitos de la vida. La mitad de los clientes que encontrarás en la oficina de un psicólogo sufren de la falta de propósito y significado en sus vidas. Para encontrar propósito y significado debemos buscar la libertad de nuestros antiguas creencias y paradigmas.

Yo creo que el reconocimiento espiritual crea en cada uno de nosotros una realidad más profunda en nuestra responsabilidad de no causar sufrimiento a otros. Esto no significa que no somos responsables por nuestras reacciones, significa que existen conceptos espirituales, morales y éticos que nos ayudan a formar un mundo más unificado y pacifico.

Aquí hay algunas ideas que te ayudaran obtener tu pase para salir libre del infierno.

1) Abraza la idea de Uno, una mente y una consciencia. Si existe una consciencia y aceptamos esto, la separación de Espíritu y ser aminora. Pensamiento crítico causa separación y sufrimiento, normalmente el nuestro.

2) Diariamente, toma un viaje interior. En este estado de auto-reflexión, aquieta el charloteo de la mente del ego. Déjate comenzar a ver lo que siente tu ego diariamente en los roles que estás jugando. Vacía las ideas del ego. Comienza exhalando el estrés y el charloteo. Siéntate en silencio e inhala la paz y la alegría que es naturalmente tuyo. Toma una clase de meditación. La meditación funciona para millones de personas.

3) En cada momento, practica compasión. La compasión es esencial: te acerca a otros y aminora la sensación de alienación. Estamos en esto juntos. No hay paz hasta que haya paz para todos. El acto más pequeño de compasión repercute a través del Universo. Como una piedra en el

agua, las olas se sienten en las orillas.

4) Ama profundamente sin intención. Esto no significa que debes ser romántico(a) pero que debes encontrar amor en todo. Encontrar belleza en la vida honra el espíritu de todo. El amor y la compasión son contagiosos. Mientras más se usan, mas son usados!

5) Participa en una comunidad espiritual que te permite dar y recibir amor. Una comunidad espiritual refleja y apoya. Nuestro trabajo como seres espirituales comienza con uno mismo, abrazando las enseñanzas y el maestro interior (muchas veces un reflejo de nuestro líder espiritual de la comunidad) y finalmente la escuela o comunidad y el mundo. Eventualmente veremos todo el mundo como nuestra comunidad espiritual.

6) Mantenerte positivo en tus pensamientos y sentimientos que reflejan la positividad de todo. Quédate en el amor. Mantente en contacto con tu consciencia amante. No dejes que las noticias y otras cosas llenen tu cabeza.

7) Agradece tu yo superior, más todos los días. Comienza tu día con gratitud y termínalo con gratitud. La mera idea de que para agradecer el amor que tienes es maravilloso. Este es tu pase para salir libre del infierno, la sabiduría de amor que practica compasión y auto-conocimiento.

Tony Almeida

Mayo 2012

Deseo

Parado en el borde de mi Universo, he encontrado el acantilado de la locura. Mis dedos del pie se mueven en anticipación. Remolinos de nubes y estrellas parecen aparecer y después irse de mi vista. Vientos de luz pasan por el cielo batiéndose en la atmosfera de energía frenética. Mi ser esta pulsando con los ritmos desconocidos de las fuerzas creativas.

Cada nueva visión me acerca más a la realidad de lo que soy. Lentamente sube mi mano y toca la suavidad de la vida misma. El shock de la nueva energía vital atraviesa mis sensaciones explotando en mi mente como una cascada de experiencias eternas. Yo soy yo y ningún otro. Soy de esta vida y solo lo que he vivido. Yo soy yo en un momento exquisito de deseo. Una vez más, trato de alcanzar y tocar y nuevamente encuentro el deseo y la experiencia de ser. Yo soy yo.

Lentamente me doy vuelta a ver que hay a mi alrededor y encuentro nuevamente las turbulentas vientos de luz me rodean y me llaman a un lugar nuevo en la vida. El deseo de ser me llena y quiero conocer la eterna experiencia de Yo soy yo. Este deseo es fuerte en mí, llevándome más cerca del borde del precipicio lo que se siente como locura. El miedo de lo que habrá si voy mas allá del borde viene a mi garganta, pero no puedo hablar de este miedo. Toda razón se ha ido de mis pensamientos y todas las barreras han sido superadas. Mi corazón pulsante no dejará esto en paz.

He llegado lejos en este viaje y sé que debe ser completada si voy a hacer entero y perfecto en mi expresión de ser. Más que nada, se que quiero esto, lo deseo por encima de todo lo que puede haber. Tengo sed de esta experiencia que me libera de toda voluntad y ego. Y aun así, no te puede explicar lo que es. No puede describir algo que no tiene descripción. Solo puedo hablar de lo que me rodea en este momento de encuentro.

Al retirarme, el deseo de saber de ser es fuerte, YO SOY YO se asoma nuevamente empujándome nuevamente al borde del caos, de lo que siento que debe ser la locura. No existe otra manera, debo tomar el paso del borde de toda razón, debo entregar mi vida para este fuerza superior sobre mi ser. A medida que observo abajo, hay un gran caos, visiones que no puedo describir, vistas que nunca he observado antes, sonidos nunca escuchados. La fluidez de la vida me envuelve y me deja sin forma, y las estrellas mi guían en este viaje.

Y ha sucedido. Los vientos de luz me han empujado por sobre el borde del abismo al pozo de la locura, mi garganta no puede gritar su miedo, ni mi corazón puede dejar de latir. El deseo de conocer lo que sigue me empuja más profundamente hacia este momento de caos. Al fin estoy entregándome a esto que será mi vida. Mi ser no puede comprender todo lo que puede ser solo aceptando este momento de luz y visión y el momento de entrega, acepto que siempre ha sido YO SOY YO.

Yo soy yo es entendido en este momento de deseo. Ahora entiendo que mi deseo ha creado una nueva realidad de consciencia para mí. Las visiones no vistas delante de mí como consciencia entendiendo la consciencia.

Los sonidos ahora son las canciones de la vida misma de la realidad que he creado en este momento de deseo. La locura se ha vuelto orden y razón. Esto es la vida, como consciencia. Lleno de los sonidos de la vida y el amor, lleno de entendimiento y la realidad de Yo soy yo, soy el creador de mi realidad, soy el creador de mi entendimiento. De mi deseo viene la consciencia entendiéndose a sí mismo como la consciencia de la realidad de ser. Yo soy yo. Como deseo también creare.

Toma mi mano y salta conmigo a la locura. Podemos hacer esto junto. Podemos hacer esto con compasión y amor. Toma mi mano mientras caminamos por el camino de las estrellas y el sol.

Amor es la razón que existimos y porque venimos aquí. Toma mi mano en este glorioso momento de creación.

Suzanne Deakins

Cuando Susurra Dios

No Es Eso, Los Milagros de la Mente — Antonio Almeida

"El carácter no puede ser desarrollado en la quietud y la comodidad. Solo a través de la experiencia de ensayo y sufrimiento puede el alma ser fortalecido, ambición inspirado y éxito logrado."

- Helen Keller

Epílogo

Te puedo entregar todas las palabras en el diccionario, pero nada te transformará hasta que estés dispuesto a ser responsable por tu consciencia y cambies tu mente. Todos nosotros sufrimos, la mayoría de nuestro sufrimiento es innecesario y podemos sobreponernos a él. El sufrimiento en el mundo está conectado a nuestra acondicionamiento cultural de ilusiones, creado por las religiones, gobiernos, familia escuela y los medios de comunicación.

Nuestras historias personales son todas distintas, pero cada historia es de quienes pensamos que somos. Nuestros egos continúan evadiendo la luz de la realidad, pensando que nuestras meras historias son la totalidad de nosotros. El sufrimiento personal y mundial puede ser transformado cuando aprendemos a cambiar como pensamos. Cambiemos de formas de pensar.

Sufrimos porque no tenemos las cosas que pensamos que debemos tener, porque vemos el mundo como frágil y temporal. Sufrimos al continuar eligiendo la realidad de ilusión como nuestra identidad en vez en entender que somos espíritus por naturaleza y extraordinarios en nuestra existencia misma.

En este momento, tu historia personal es de no existencia. Lo que nuestros egos creen que somos esta en el pasado, lo que nuestros egos quieren que seamos reside en el futuro. Nuestros sentidos de culpa y depresión están por sobre las cosas y los eventos, que sucedieron en el pasado o nos sentimos ansiosos de lo que podría pasar o de lo que no tenemos.

Es mi esperanza de que hayas ganado una vista interna a tu sufrimiento personal al leer este libro. El milagro de nuestra existencia es que podemos crear milagros al cambiar nuestra forma de pensar, al dejar ir la programación de nuestra cultura y lideres que ya no son compasivos.

Cada hilo que cortas al ganar tu libertad es como una manta que se está desenredando lentamente. Lentamente, un hilo a la vez, liberaremos al mundo entero del sufrimiento. Estamos en el momento de una gran revolución, la revolución del espíritu que se rehúsa a existir atado a la culpa, el dolor y el sufrimiento.

Espíritu, hazme un instrumento del padre interior. Donde hay conflictos, déjame ser el creador de la paz. Donde hay dolor, déjame traer sanación. Donde hay temor déjame atraer amor y compasión. Donde hay oscuridad deja que haya luz eterna. Déjame ser un instrumento....

Colofón
Títulos e Texto Puestos en Times New RomanFormateado en
Adobe Indesign
Impreso en USA

WWW.ONESPIRITPRESS.COM
INFO@ONESPIRITPRESS.COM

NO ES ESO!

No Es Eso, Los Milagros de la Mente   Antonio Almeida

www.ingramcontent.com/pod-product-compliance
Lightning Source LLC
Chambersburg PA
CBHW070541170426
43200CB00011B/2498